Dictionnaire des rêves

Comprenez vos rêves

pour améliorer votre vie

Les Éditions
Coup d'œil

Dictionnaire des rêves

Dépôts légaux :
Bibliothèque nationale et archives du Québec
Bibliothèque nationale du Canada
Imprimé au Canada

Sous licence avec Édimag Inc.-Montréal-2007

« Gouvernement du Québec — Programme de crédit d'impôt
pour l'édition de livres — Gestion SODEC »

Couverture et infographie : Dominique Roy

ISBN : 978-2-89638-212-5

Table des matières

A 7
B 23
C 37
D 55
E 69
F 91
G 103
H 113
I 121
J 125
K 129
L 131
M 139
N 157
O 165
P 173
Q 191
R 193
S 203

T 213
U 223
V-W 225
X-Y-Z 233

A

ABANDON : Abandonner un enfant dans un rêve signifie généralement une naissance non planifiée.

Être abandonné par des personnes que vous connaissez signifie des moments difficiles à venir.

ABAT-JOUR : Vous auriez intérêt à être plus franc avec ceux qui vous aiment.

ABEILLES : Rêver à des abeilles signifie généralement que vous trouverez une satisfaction dans votre travail actuel ou dans un autre travail à venir, ou encore dans vos tâches domestiques si vous ne travaillez pas.

Être attaqué par des abeilles, par contre, veut dire que vous êtes susceptible de souffrir d'épuisement, car vous vous investissez beaucoup sans trouver de compensation ailleurs.

ABOIEMENTS : Entendre des aboiements dans un rêve n'est jamais de bon augure. Toutefois, leur degré d'éloignement pourrait modifier les inconvénients qui y seront rattachés. Il vaut mieux les entendre de loin, car vous pourriez être une victime de choix pour des gens malhonnêtes.

ABREUVOIR : Y boire signifie que vous aurez à vous ressourcer pour vous recentrer sur vos besoins véritables et essentiels.

Circuler autour d'un abreuvoir sans y boire veut dire que vous tourner en rond et qu'il n'y a peut-être rien qui vous satisfasse actuellement dans ce que vous vivez. Vous pressentez déjà qu'un changement s'imposera pour retrouver de la joie de vivre.

ABRI : Si vous vous réfugiez dans ou sous un abri, c'est que vous obtiendrez de l'aide de personnes bien intentionnées. Toutefois, vous aurez à faire un geste pour que ces personnes comprennent bien ce dont vous avez besoin.

ACCIDENT : Avoir un accident peut signifier que vous aurez des ennuis bientôt.

Si vous êtes témoin d'un accident, des amis ou connaissances pourraient avoir des problèmes.

ACCORDÉON : Vous aurez à rencontrer beaucoup de gens dans un contexte de fête et de réjouissances. Toutefois, quelques beaux sourires cacheront des sentiments durs à votre endroit.

ACCOUCHEMENT : Si vous assistez à un accouchement, vous aurez l'occasion de revoir une connaissance qui vous semblera complètement métamorphosée.

Si vous accouchez, c'est vous qui semblerez transformée aux yeux de votre entourage.

ACHATS : Si vous en faites vous-même, vous devrez vous méfier de vos impulsions.

Si vous voyez quelqu'un en faire, on tentera de détourner quelque chose qui vous pourtant de plein droit.

ADIEU : Si vous faites des adieux, vous pourriez être séparé d'un ami ou d'un être cher.

ADOLESCENT : Si vous voyez un ou des adolescents, la rebellion gronde dans votre entourage.

Si vous êtes un adolescent, vous avez l'esprit un peu trop volage actuellement ou encore dans un avenir proche et vous pourriez en souffrir en perdant de la crédibilité aux yeux de certaines personnes.

AFFICHE : En voir une signifie que vous développerez une tendance au voyeurisme et que vous y trouverez un certain plaisir.

En coller sur un mur veut dire que vous colporterez sans remords des rumeurs dont vous doutez pourtant de l'authenticité.

AGENDA : Vous aurez peu de temps pour vos loisirs. Utilisez donc à bon escient vos journées et vos soirées.

AGNEAU : Des joies et de bons moments sont à venir. Par contre, si l'agneau est mort, la malchance sera au rendez-vous.

AGRESSIVITÉ : Si on est agressif envers vous, vous devrez vous défendre et faire la preuve de votre sincérité.

Si vous êtes agressif, vous aurez à vous remettre en question sur certains aspects de votre vie personnelle ou professionnelle.

AGRICULTEUR : En être un signifie que vous voudrez trouver la vérité à propos d'une situation nébuleuse, quitte à retourner tout sur votre passage.

En voir à l'ouvrage, veut dire que vous compterez sur l'aide d'un proche dans l'exécution d'une tâche difficile.

AIGLE : En voir un en plein vol présage de la venue dans votre vie d'une personne aux capacités exeptionnelles. Il s'agit peut-être d'un nouveau supérieur qui vous prendra sous son aile au travail ou d'un nouvel ami qui s'avèrera posséder un très bon sens du jugement et qui pourra vous conseiller.

AIGUILLE : Voir une aiguille est un signe que vous serez ennuyé par quelques soucis mineurs mais tout de même préoccupants.

Si vous vous piquez, les ennuis pourraient se détériorer pour devenir des sujets d'angoisse. Ne laissez donc pas traîner pour rien des situations conflictuelles.

ALCOOL : Si vous buvez, vous serez très sensible prochainement.

Voir des bouteilles d'alcool peut signifier que vous aurez à retenir certains désirs.

ALLUMETTES : Vous aurez de très bonnes énergies. Vous devriez en profiter pour vous débarrasser de certaines choses qui vous empêchent d'avancer. Vous serez très positif dans les prochaines semaines.

AMBULANCE : Si l'ambulance a ses feux d'urgence allumés, ça pourrait signifier une maladie grave chez un proche.

S'il s'agit d'une ambulance circulant normalement, vous devriez prendre soin de votre santé. Vous pourriez vous éviter des problèmes.
Si vous en conduisez une en rêve, une situation urgente mobilisera toutes vos énergies.

Si vous en voyez une passer en trombe, vous trouverez peu d'écoute dans votre entourage, trop préoccupé à éteindre des feux ailleurs.

AMI(E) : Faire la rencontre d'une ou d'un ami en rêve signifie généralement une rencontre prochaine avec cette personne ou encore un appel téléphonique de celle-ci.

Si vous rêvez d'un ami trépassé, vous pourriez avoir droit à sa protection dans les semaines à venir. Les rêves peuvent parfois être un lieu de rencontre pacifique entre le monde des morts et celui des vivants.

AMOUR : Faire l'amour avec une personne du même sexe que vous indique que vous vous questionnez beaucoup sur votre valeur.

Faire l'amour avec une personne de l'autre sexe signifie que vos goûts pour certains plaisirs matériels vous poussent parfois à la luxure et vous pouvez aussi tromper d'autres personnes pour arriver à vos fins, ce que vous regrettez souvent par la suite.

Si vous faites l'amour avec plusieurs personnes des deux sexes, c'est que vous fantasmez beaucoup sans passer aux actes. Ce qui s'avère d'ailleurs être mieux pour votre santé mentale.

AMPOULE ÉLECTRIQUE : Si l'ampoule que vous voyez en rêve est allumée, soit que vous bénéficierez d'un conseil précieux de la part d'un proche ou d'un collègue, soit que vous aurez une idée géniale qui vous rapportera des bénéfices inespérés en argent ou en amitié.

Si l'ampoule est éteinte, préparez-vous mentalement à vivre une période sans grande vitalité où vous vous démènerez comme un diable dans l'eau bénite.

ANGE : Rêver à un ange ou à des anges ne constitue jamais une mauvaise nouvelle. Il s'agit plutôt d'un présage de bonheur et d'harmonie dans votre vie. Toutefois, il peut aussi s'agir d'un disparu qui chercherait à se rappeler à vous.

ANGUILLE : Des personnes s'infiltreront subtilement dans votre entourage, à la maison ou au travail, et profiteront de certaines circonstances pour s'approprier ce qui vous appartient.

ANIMAL : Si vous rêvez à un animal domestique, vous pourriez connaître une période bénéfique du côté des amitiés.

S'il s'agit d'un animal sauvage, quelqu'un pourrait tenter de vous nuire.

ANNIVERSAIRE : Si vous fêter l'anniversaire de quelqu'un que vous connaissez, vous pourriez être convié à vous joindre à une sortie de groupe.

Si vous êtes fêté par des amis, vous pourriez recevoir une visite inattendue.

ANTILOPE (GAZELLE) : On admire votre efficacité et votre rapidité d'exécution. Ne vous attardez pas aux mauvaises langues, mais soyez assez prévoyant pour évitez les pièges que l'on pourrait vous tendre pour ternir votre réputation. Les antilopes n'ont qu'une défense, leur agileté pour devancer leurs poursuivants.

ANTIQUITÉS : Vous serez amener à fouiller dans votre passé et dans celui de votre famille afin de régler certains conflits intérieurs ou pour éclaicir des querelles qui perdurent inutilement.

APPARTEMENT : Vivre en appartement dans un rêve indique que vous manquez d'enracinement, vous n'êtes pas assez incarné dans ce que vous vivez.

AQUARIUM : Si vous en regardez un, c'est que vous êtes trop contemplatif actuellement et que vous risquez de voir vous échapper des occasions qui ne se représenteront peut-être pas.

Rêver à un aquarium qui se brise et se vide correspond à des frustrations que vous retenez depuis trop longtemps déjà et qui vous feront craquer si vous ne les réglez pas.

ARAIGNÉE : Certaines envies vous obsèdent. Vous devriez les définir clairement et les analyser afin de pouvoir les liquider et passer à autre chose de plus constructif.

APPLAUDISSEMENTS : Si on vous applaudit, c'est que vous manquez de confiance en vous et que vous cherchez constamment l'approbation des autres.

Si vous applaudissez quelqu'un d'autre, c'est que vous voyez ceux qui vous entourent comme des modèles. Un petit conseil : apprenez à mieux reconnaître vos forces.

ARBRE : Si le vert est dominant dans la couleur du feuillage, vous aurez du succès dans une démarche que vous ferez ou que vous avez déjà commencée.

Si le feuillage est de couleur plutôt jaune, vous pourriez manquer de ténacité et laisser tomber un projet auquel vous teniez pourtant beaucoup.

S'il n'y a pas de feuillage, cessez de vous entêter à vouloir réussir là où vous ne vous sentez pas à votre place.

ARC-EN-CIEL : Un grand bonheur vous attendra après que vous aurez eu à vivre un moment difficile, surtout si l'arc-en-ciel est lumineux. Plus les couleurs seront vives, plus le bonheur sera grand.

ARMÉE : Voir des manœuvres militaires signifie que vous devrez être organisé et persévérant pour atteindre certains objectifs personnels.

ARMOIRE : Si vous rêvez d'une armoire fermée à clé, vous pourriez avoir à vivre des frustrations.

Si vous avez accès à son contenu, vous pourriez soit gagner une somme d'argent à la loterie, soit hériter.

ARMURE : Vous aurez besoin de protection face à une situation conflictuelle au travail ou à la maison.

ARRESTATION : Si vous êtes aux arrêts, vous pourriez être réprimandé par une personne que vous respectez, ce qui vous fera d'autant plus souffrir.

Si vous rêvez que vous assistez à une arrestation, vous serez pris dans une controverse, mais vous serez finalement épargné.

ASCENSEUR : Si vous prenez un ascenseur, il s'agit d'un heureux présage. Par contre si vous n'arrivez pas à y trouver une place parce qu'il y a trop de monde à l'intérieur ou devant la porte, vous pourriez faire face à un congédiement ou encore être impliqué dans une dispute.

ASILE : Tout ira trop vite autour de vous. Il vous semblera que la vie perd de son charme et de sa valeur humaine. Il n'en tient qu'à vous de changer les choses avec de la volonté.

ASSIETTE : Si elle est pleine de nourriture, vous aurez tout ce qu'il faut pour bien vivre.

Si elle est cassée, méfiez-vous des demandes imprécises.

Si elle est vide, vous souffrirez d'épuisement.

ASTHME : Si vous en souffrez, vous avez un urgent besoin de changement. Une situation vous oppresse et vous fait vivre un stress anormal.

Si vous voyez une autre personne en souffrir, on cherchera à s'éloigner de vous, à fuir votre compagnie.

ATHLÈTE : Si vous êtes vous-même dans la peau d'un athlète, vous serez mieux dans votre peau dans quelque temps.

Si vous voyez un athlète, vous devriez établir vos buts dans la vie et trouver un modèle autour de vous pour vous aider à vous améliorer.

AUBERGE : Si vous êtes dans une auberge où il y a beaucoup de monde, vous aurez à héberger plusieurs personnes pendant un certain temps, ou encore plusieurs soirées se passeront chez vous dans les prochaines semaines.

Si vous voyez une auberge détruite, vous connaîtrez une période où le moral n'ira pas très bien.

AUMÔNE : Recevoir l'aumône signifie que des gens parleront en votre faveur et vous faciliteront les choses pour que vous puissiez vous affirmer.

Faire l'aumône veut plutôt dire que vous aiderez une personne en difficulté par pure charité sans penser à un retour éventuel.

AUTOBUS : Vous ferez un voyage de courte durée qui vous amènera à rencontrer plusieurs personnes et à échanger longuement.

AUTRUCHE : Lors d'une réunion, on vous reprochera de ne pas vous impliquer lorsque les choses se corsent. Il est peut-être vrai que vous avez la manie de vous mettre la tête dans le sable pour ne pas voir ce qui ne va pas.

AVERSE : Si vous êtes sous la pluie, votre santé ira mieux et vous renouvellerez vos énergies.

Si vous avez un parapluie sous la pluie, vous passerez une période morose, mais sans trop souffrir.

AVEUGLE : Être soi-même un aveugle en rêve vous avertit simplement de ne pas donner de conseil à quiconque pour un certain temps. Retenez-vous car vous pourriez vous mettre les pieds dans les plats.

Voir un aveugle signifie que les apparences seront trompeuses et vous sauterez trop rapidement aux conclusions pour une question délicate touchant un proche ou un collègue. Réfléchissez un peu plus avant d'exprimer des jugements qui pourraient être blessants. Souvenez-vous qu'il vaut mieux ne pas faire aux autres ce que l'on ne voudrait pas subir soimême.

AVOCAT : Des tracas sont à prévoir. Vous devrez vous en défendre, mais ce ne sera pas facile, car il vous faudra entamer des procédures que vous auriez aimé éviter. Ne vous laissez toutefois pas entraîner par des gens qui ne souhaitent pas nécessairement votre bien. Ceux qui conseillent trop rapidement ne sont pas toujours les meilleurs conseillers.

S'il s'agit du fruit de l'avocatier, le succès sera au rendez-vous pour un projet qui vous tient à cœur.

AVORTEMENT : Vous devrez faire votre deuil d'une chose qui vous est chère. Ce ne sera pas facile, mais l'avenir vous démontrera qu'il y a toujours deux côtés à une médaille.

B

BADAUD : Si vous voyez des badauds, des gens se mêleront de votre vie et commettront, de surcroît, des indiscrétions qui vous gêneront.

BAGAGE : Transporter ses bagages n'est pas un bon présage. Il pourrait y avoir rupture sur le plan professionnel comme sur le plan sentimental. Toutefois, ne paniquez pas...

BAGUE : Porter une bague en rêve signifie généralement le besoin de sécurité face à une relation amoureuse ou encore en amitié.

Enlever une bague ou la perdre peut vouloir dire une rupture.

BAHUT : Vous aurez de plus en plus un penchant pour accumuler les choses et les souvenirs. Méfiez-vous d'un excès de nostalgie.

BAÏONNETTE : On vous cherchera querelle. Ne faites rien pour jeter de l'huile sur le feu, même si vous avez grandement envie de vous défendre férocement.

BAIN : Si vous en prenez un, vous souhaiterez vous impliquer à fond dans un projet, soit au travail, soit à la maison.

Si l'eau est sale, tout ne sera pas clair et ne vous gênez pas pour demander des explications. Si l'eau est froide, on cherchera à vous écarter. Si l'eau est trop chaude, vous ne serez pas traité avec respect dans cette affaire.

Si l'eau est à une température confortable, tout ira comme sur des roulettes et n'ayez pas d'inquiétudes.

Si vous voyez quelqu'un prendre son bain, vous envierez une autre personne pour la chance qui semble lui sourire. Vous pourriez même être tenté de lui nuire par vengeance. Attention au retour des choses.

BALCON : Être sur un balcon est le présage d'une amertume qui sera toutefois passagère.

Regarder quelqu'un sur un balcon signifie que vous aurez à consoler un proche.

BALAI : Balayer un plancher signifie que vous aurez une conversation pour mettre des choses au clair.

Si vous enlevez des fils de poussière avec un balai, vous devez être plus ordonné afin d'être plus efficace.

Voir un balai et ne pas s'en servir signifie que vous avez beaucoup de difficultés à vous défaire de vos vieilles habitudes, même si vous savez très bien qu'elles vous nuisent.

BALANCE : Rappelez-vous bien que tout finit par se savoir. Si vous tentez de dissimuler une action dont vous n'êtes pas fier, il vaudrait mieux tout avouer avant que les choses s'enveniment et que tout vous éclate au visage.

BALANÇOIRE : Si vous êtes près de la retraite, l'avenir s'annonce très bien pour vous.

Si vous êtes au travail, vous pourriez en manquer.

Si vous êtes chômeur ou aux études, les perspectives d'emploi ne sont pas extraordinaires pour l'instant, mais les choses s'amélioreront.

BALLON : Jouer avec un ballon est un signe que vous obtiendrez beaucoup plus que vous ne le pensiez dans une cause que vous croyiez perdue.

BANDIT : Voir un bandit, ou en être un, est souvent considéré comme étant un avertissement : il faut persister dans l'honnêteté le plus possible.

BANQUE : Entrer dans une banque comme client est un signe que vos affaires iront de mieux en mieux.

Si vous travaillez dans une banque, vous devrez mettre beaucoup d'énergie pour arriver à vos fins.

BAR : Consommer de l'alcool dans un bar peut vouloir dire que vous perdez votre temps actuellement avec des projets qui ne réponderont pas à vos attentes.

BARIL : Si vous rêvez à un baril plein, vos énergies seront bientôt au maximum.

Si vous rêvez à un baril vide, prévoyez des périodes de repos.

BARREAUX : Si vous êtes derrière les barreaux, vous vivrez des moments difficiles.

Si vous voyez quelqu'un derrière, un ami vous demandera de l'aide.

BARRIÈRE : Si vous en voyez une fermée, vous serez contrarié par un obstacle imprévu dans la réalisation d'un projet.

Si la barrière est ouverte, le temps du succès est pour bientôt.

Si vous la poussez de la main et qu'elle ne résiste pas, vous avez tout intérêt à foncer, car rien ne viendra contrecarrer vos démarches, même si les apparences laissent croire le contraire.

Si la barrière résiste à vos efforts, une situation que vous vivrez vous découragera et vous abandonnerez. Peut-être s'agira-t-il d'un mal pour un bien.

BAS : Si vous êtes une femme et que vous rêvez à des bas de femme, vous auriez avantage à prendre soin de votre apparence, car une rencontre pourrait s'avérer déterminante si vous faites bonne impression.

Si vous êtes une femme et que vous rêvez à des bas d'homme, vous serez troublée par une rencontre avec un homme plus vieux que vous.

Si vous êtes un homme et que vous rêvez à des bas de femme, vous tomberez sous le charme d'une belle jeune femme qui n'économisera pas sur l'usage de ses charmes pour attirer votre attention.

Si vous êtes un homme et que vous rêvez à des bas d'homme, vous serez dominé par un patron, un supérieur ou un collègue qui cherchera à vous écarter de son chemin. Un conseil : soyez plus intelligent et ne faites pas son jeu.

BATEAU : Rêver à un bateau amarré à un quai signifie que vous trouverez réconfort et sécurité.

Si vous voyez un bateau s'éloigner, vous vivrez le départ d'une personne proche.

BATTERIE (de cuisine) : Ce dont vous avez le plus besoin actuellement, c'est de vous ressourcer. Faites le vide autour de votre foyer et cédez aux plaisirs de la table en famille.

BATTERIE (musique) : Votre tempérament ne convient pas à tous. Essayez de vous calmer, peut-être réglerez-vous ainsi votre problème de solitude.

BAZAR : Un rassemblement familial vous donnera l'occasion de renouer avec des personnes que vous aviez perdues de vue, mais dont vous vous ennuyiez un peu.

BÉBÉ : Si vous voyez un bébé, vous aurez des nouvelles heureuses d'une personne que vous n'avez pas vue depuis très longtemps.

Si vous incarnez un bébé, il serait souhaitable de faire un retour en arrière dans vos souvenirs. Vous pourriez y découvrir des pistes intéressantes pour vous améliorer.

BÉNITIER : Voir un bénitier et y tremper la main signifie que votre avenir est au beau fixe.

Rêver à un bénitier vide est moins heureux. Vous pourriez manquer des occasions d'améliorer votre sort.

BÉQUILLES : Voir des béquilles signifie que vous n'avez plus besoin de certaines astuces qui vous servaient à amoindrir des peurs. Vous n'avez maintenant plus besoin de ces artifices.

Si vous marchez à l'aide de béquilles, vous éprouverez des problèmes de confiance en vous-même.

BEURRE : Mettre du beurre sur son pain est de bon augure. Vous ne manquerez de rien.

En manquer peut vouloir dire que vous connaîtrez une période de chômage dont vous pourriez vous sortir mieux outillé pour l'avenir.

BIBLE : Si vous consultez une Bible, vous serez consulté pour obtenir vos conseils car on apprécie votre bon jugement.

Si vous en voyez une, profitez des qualités morales de certaines personnes qui vous entourent et qui vous apprécient pour vous améliorer.

BICYCLETTE : Si vous rêvez que vous roulez, vous êtes un être dynamique qui atteindra ses objectifs.

Si vous regardez des gens en bicyclette, vous manquez de confiance en vous-même. Vous devriez vous lancer un peu plus.

BIJOUX : Les bijoux sont souvent signe d'honneur et de bonheur, mais ils peuvent aussi signifier la vanité s'il y en a en trop grande quantité. Perdre des bijoux signifie que vous serez négligé par certaines personnes.

Des bijoux en or : vous tenterez de vous faire valoir, mais vous ne réussirez pas à impressionner les bonnes personnes.

Des bijoux en argent : ne ternissez pas l'image des gens qui vous entourent.

BIKINI : Si vous êtes une femme et que vous en voyez, vos prochaines vacances seront plus que nécessaires.

Si vous êtes un homme, les belles femmes vous font de l'effet plus que jamais. Si vous êtes déjà engagé, retenez vos pulsions, car le moment pourrait être mal choisi pour une aventure.

BLESSURE : Si vous êtes blessé, vous pourriez être la cible de sarcasmes motivés par la jalousie.

Voir des blessés signifie plutôt que des gens autour de vous en seront la cible.

BOCAL : Rêver à un bocal plein peut vouloir dire que votre vie sociale est peu valorisante, quoique bien remplie. Vos relations ne semblent pas vous satisfaire et vous pourriez gagner beaucoup en rencontrant des gens nouveaux qui correspondraient mieux à vos valeurs.

Si le bocal que vous voyez est vide, vous êtes vraiment en besoin pour ce qui est de votre vie sociale. Faites des efforts pour connaître de nouvelles personnes, sinon vous devriendrez de plus en plus solitaire.

BOÎTE : Vous devez faire attention aux achats impulsifs, même si vous êtes convaincu d'avoir un réel besoin à combler sans tarder. Retardez toujours vos achats de quelques heures. Cessez de vous persuader que vous devez acheter tout de suite.

BOMBE : Si une bombe explose, il est déjà trop tard pour réparer une bévue. La solution qui vous reste est de vous excuser humblement.

Si vous voyez une bombe avant qu'elle n'explose, vous aurez une chance en or de rattraper une faute.

BONBONS : Si on vous offre des bonbons, on pourrait chercher à obtenir vos faveurs en vous flattant.

BOTTES : Rêver que l'on enfile des bottes veut dire que l'on est prêt à accomplir des choses importantes.

Enlever des bottes peut signifier que du repos serait souhaitable.

BOUCLIER : Vous aurez à faire face à de la contestation de la part de collègues ou de membres de votre entourage. Un conseil : écoutez toujours ce que les gens ont à dire, même si cela vous dérange dans votre amour-propre.

Si vous baissez un bouclier en rêve, vous aurez l'occasion de vous connaître un peu plus si vous devenez plus conciliant envers une personne que vous avez pris l'habitude de ne pas écouter ou de prendre à la légère.

BOUE : Si vous êtes recouvert de boue, on parlera de vous rudement.

Si vous lancez de la boue, vous offusquerez une personne qui vous en voudra pendant longtemps. Soyez prudent, car en agissant différemment vous pourriez vous éviter des problèmes.

BOUSSOLE : Vous cherchez à orienter votre vie vers de nouveaux horizons. Toutefois, réfléchissez bien avant d'agir.

BRODERIE : Voir de la broderie est un signe de superficialité.

Faire de la broderie veut plutôt dire que vous travaillerez très fort pour peu de résultat.

BROSSE : Un grand tournant pourrait survenir dans votre vie. Un changement positif se prépare en ce moment. Soyez plus réceptif aux idées différentes qui sont exprimées pas les autres.

Si une brosse salit au lieu de nettoyer, vous aurez à patienter avant de profiter d'un changement positif. Soyez plus conciliant avec votre entourage pour accélérer votre renaissance.

BROUETTE : Vous avez beaucoup de pain sur la planche avant de pouvoir profiter pleinement de la vie comme vous le souhaiteriez.

BROUILLARD : Si vous êtes dans le brouillard, vous feriez mieux de demander conseil, car plus rien ne vous paraîtra clair dans quelque temps.

Si vous observez un banc de brouillard sans y être, vous serez une personne-ressource dans une histoire nébuleuse qui embrouillera votre entourage. Il pourait même être question de justice et de poursuite.

BÛCHER : Vous aurez le don d'enflammer les conversations.

BUFFET : Si vous vous servez à un buffet, vous pourriez bientôt profiter d'une occasion unique pour améliorer votre qualité de vie.

Si vous regardez des gens se servir, vous aurez quelques petites déceptions qui vous amèneront peut-être à envier ceux qui ont plus de chance que vous. Un petit conseil : la jalousie ne vous avancera à rien.

BULLES : Si vous voyez des bulles dans un liquide, vous aurez un penchant pour la frivolité. Il n'y aura rien de mal à cela, mais il ne faudrait pas que ça devienne une habitude.

S'il s'agit de bulles de savon, ne vous laissez pas manipuler et demandez l'avis d'une personne de confiance avant de prendre des décisions pouvant impliquer votre santé financière.

BUREAU : Voir un bureau est signe que vous obtiendrez une position à un proche ou à un ami en faisant jouer votre influence. Soyez tout de même prudent.

BUT : Si vous lancez dans un but de hockey, vous pourrez compter sur une rentrée d'argent inattendue.

C

CACTUS : Méfiez-vous des beaux parleurs.

CADEAU : Recevoir un cadeau peut signifier que l'on songe à vous plus que vous ne le pensiez.

Si vous faites un cadeau, vous pourriez avoir à compter sur quelqu'un pour un petit service.

CAILLOUX : Lancer des cailloux est un signe que vous avez de l'ambition, mais que vous serez appelé à vous défendre d'accusations non fondées.

CAMBRIOLAGE : Si vous en êtes victime, des gens chercheront à voler vos idées ou à s'approprier le résultat de vos initiatives.

Si vous perpétrez un cambriolage, soyez sur vos gardes face à vos pulsions. Elles pourraient vous mener dans l'erreur.

CAMION : Si vous le conduisez, c'est bon signe. Vous êtes en pleine possession de vos moyens.

Si quelqu'un d'autre le conduit, ne faites pas confiance trop rapidement. Laissez les autres faire leurs preuves avant de vous confier.

CANNE : Si vous marchez avec une canne en rêve, vous pourriez obtenir une aide grandement souhaitée.

Si vous voyez quelqu'un marcher avec une canne, on vous demandera de l'aide.

CARAMBOLAGE : Une erreur qu'une personne commettra aura des répercussions inattendues qui ne seront pas nécessairement négatives.

Autre possibilité : un accident pourrait survenir à proximité de vous.

CARAPACE : Vous vous protègerez fort bien d'une situation potentiellement dangereuse.

CARAVANE : Si vous pensez faire l'achat d'un véhicule, attendez le plus longtemps possible. Vous pourriez ainsi éviter une mauvaise affaire.

CARDINAL (religieux) : Si vous en voyez un, un personnage important influencera votre vie.

Si vous en êtes un, certaines personnes vous estiment au point de vous percevoir plus influent que vous ne l'êtes en réalité.

CARNAGE : Si vous rêvez d'un carnage, votre imagination vous jouera des tours et vous fera dramatiser certains problèmes qui vous touchent. Vous devrez analyser objectivement la situation qui vous inquiètera ainsi.

CARNAVAL : Si vous en faites partie, des moments plus qu'agréables vous attendent en excellente compagnie. Si vous êtes déjà engagé, prenez soin de ne pas créer de jalousie par un comportement trop léger.

Si vous en regardez un en retrait, vous devriez vraiment vous laisser aller et oublier vos petits soucis.

CARTES : Si vous jouez aux cartes, votre vie sociale deviendra des plus intéressantes.

Si vous regardez des gens jouer aux cartes, vous avez besoin de sortir un peu plus. Vous vous ennuierez d'amis de longue date que vous ne voyez presque plus.

CASCADE : Vous pourriez avoir tendance à agir par secousse dans un avenir rapproché. Vous serez plutôt contemplatif et, tout d'un coup, vous deviendrez hyperactif. À ce moment, tentez de trouver un juste milieu.

CASINO : Soyez prudent si on vous fait miroiter des gains importants et faciles. Posez des questions.

CASQUE : Avez-vous quelque chose à dissimuler?

CATAMARAN : Vous rêverez de liberté et d'évasion. Soyez prudent. Ne cédez pas à des impulsions de tout foutre en l'air.

CATAPULTE : Vous serez perçu comme un être expéditif et parfois bourru par quelqu'un qui s'intéresse à vous. Vous pourriez ainsi manquer une occasion de faire une rencontre intéressante.

CAVALIER : Si vous rêvez d'un cavalier, vous aurez une visite surprenante et motivante.

Si vous êtes vous-même un cavalier en rêve, vous déploierez toutes vos énergies pour réussir une démarche. Le succès sera au rendez-vous.

CEINTURE : Si vous portez une ceinture et qu'elle est confortable, vous avez une bonne étoile.

Si la ceinture est inconfortable, on essaiera de vous enlever quelque chose d'une façon mesquine.

Si vous êtes une femme, ce symbole pourrait aussi vouloir dire que vous prendrez du poids si vous ne surveillez pas votre alimentation.

Si vous êtes un homme, on pourrait vous couper les vivres au niveau professionnel.

CÉLÉBRITÉ : Si vous voyez une célébrité, c'est un signe que vous serez approché par une personne connue pour une raison anodine.

Si vous êtes une personnalité, méfiez-vous d'une tendance à parler trop de vous-même.

CENDRIER : Si dans la réalité vous ne fumez pas, vous pourriez être incommodé par des événements qui ne dépendent aucunement de votre volonté ou par des personnes pour qui vous ne comptez pas.

Si vous êtes un fumeur, vous devriez diminuer et même cesser de fumer, car votre santé part en fumée.

CENDRILLON : Vous pourriez vous retrouver dans le rôle de souffre-douleur.

CENTENAIRE : Si vous voyez un centenaire, c'est que vous aurez beaucoup de descendance.

CERCLE : En voir un tracé au sol signifie que vous fréquentez trop les mêmes personnes. Vous devriez sortir un peu plus.

En dessiner un veut dire que vous aspirez à devenir un être équilibré et plein de sagesse.

CERCUEIL : En général, cela signifie que vous êtes prêt à repartir en neuf. Vous avez envie de vous départir de quelque chose.

CERF : Vous êtes un être fier, rapide et vif, mais vous devrez apprendre à vous défendre un peu plus énergiquement, car la vie est parfois une véritable jungle.

CERISE : Vous avez tendance à être émotif, ce qui vous fait vivre quelque fois dans la confusion. Essayez de mieux vous contrôler.

CERF-VOLANT : Tenir un cerf-volant signifie que vous aurez un meilleur contrôle sur votre vie dans les semaines à venir. Vous aurez l'impression de maîtriser un peu plus ce qui vous arrive.

Si le cerf-volant tombe au sol, un délai pourrait survenir dans l'atteinte de vos objectifs. Vous pourriez même devoir remettre en question la mise en œuvre de certains projets.

CERTIFICAT : Vous avez besoin que l'on vous manifeste de l'appréciation pour ce que vous faites.

CHAÎNE : Si vous êtes attaché à un chaîne, vous vous sentirez contrôlé par une personne qui peut penser vouloir votre bien.

Si vous voyez une chaîne, vous ferez partie d'un groupe de personnes unies qui vous aideront à affronter une déception.

CHAISE : Si vous êtes assis dessus, vous pourriez attendre après une réponse plus longtemps que vous ne l'aviez prévu.

Si vous vous levez d'une chaise, vous ferez un petit voyage d'agrément bientôt.

CHAMBRE : Être enfermé dans une chambre veut dire que vous serez désapprouvé pour un geste commis à l'endroit d'une personne plus âgée que vous.

CHAMEAU : Vous développerez une résistance hors de l'ordinaire pour affronter des situations stressantes. Cette qualité vous profitera grandement dans l'avenir.

CHAMPAGNE : Vous aurez la tête à la fête à cause d'une bonne nouvelle qu'un ami vous communiquera.

CHAMPIGNON : Si vous mangez des champignons, on pourrait vous proposer de gagner de l'argent rapidement. Si quelque chose vous semble louche, retirez-vous sans tarder. Vous pourriez vous éviter des problèmes sérieux.

Si vous apercevez des champignons, vous aurez bientôt l'occasion de refaire le plein d'énergie. Profitez-en le plus possible.

CHANDELLE : Si vous voyez une chandelle allumée, vous aurez la visite inattendue d'une personne qui vous demandera de l'aide ou un conseil.

Si une chandelle s'éteint, une personne que vous connaissez pourrait mourir prochainement.

CHAPEAU : Les chapeaux symbolisent généralement une forme de protection. Par contre, si vous perdez le vôtre, la chance pourrait vous abandonner.

CHAROGNARD : Si vous en voyez, les charognards symbolisent la renaissance, mais dans la douleur. Il faudra souffrir pour changer. Ce message peut s'adresser à vous ou à un membre de votre entourage.

CHARRUE : Travailler avec une charrue indique que vous avez un dernier effort à faire pour récolter des retombées intéressantes d'une démarche que vous aviez crue stérile.

CHASSE-NEIGE : Vous devrez bientôt vous adapter à un changement dans les relations avec les membres de votre famille.

CHAT : Ce que signifie un chat en rêve dépend énormément de la relation que le dormeur entretient avec eux dans la réalité. Si vous aimez les chats, vous ferez une agréable rencontre bientôt. Si vous détestez les chats, vous connaîtrez quelques problèmes avec des personnes près de vous.

CHATON : Si vous en voyez, vous connaîtrez bientôt une période très agréable qui vous réconfortera.

CHÂTEAU : Vous aurez tendance à nourrir des idées de grandeur. Soyez réaliste et ne vous lancez dans des dépenses majeures que si vous en avez les moyens.

CHAUVE-SOURIS : Vous pourriez souffrir d'un manque de sommeil. Essayez tout de même de vous reposer même si ce n'est pas toujours facile, car vous serez assez fébrile.

CHEMIN : Un chemin en bon état signifie que vous aurez à prendre une décision importante et que vous devez suivre votre intuition profonde.

Si le chemin est en mauvais état, vous n'obtiendrez pas facilement la reconnaissance d'une personne de votre entourage que vous estimez beaucoup.

CHÊNE : Voir un chêne indique que votre destin est bien enraciné et que vous progresserez beaucoup dans les prochains mois.

Si vous montez dans un chêne, vous connaîtrez un cheminement spirituel intéressant au cours de votre vie.

Si un chêne est abattu, vous risquez de vivre une situation pénible et déstabilisante.

CHENILLE : Une situation que vous pensiez à votre désavantage vous surprendra et sera finalement très bénéfique et profitable pour vous.

CHÉQUIER : Signer des chèques est un signe d'une période à venir de grandes turbulences et de sorties d'argent importantes. Demeurez cependant courageux, car après la pluie, le beau temps revient toujours.

Recevoir un chèque signifie que vous connaîtrez l'aisance financière à moyen ou long terme.

CHEVAL : Le cheval est signe de grandeur d'âme. Vous aurez à démontrer beaucoup de compréhension envers un ami ou un membre de votre famille.

Si vous rêvez que vous ou quelqu'un tombe de cheval, il pourrait s'agir de découragement et peut-être même d'une mort annoncée.

CHÈVRE : Vous rencontrerez bientôt une personne au comportement amical et protecteur. Essayez de lier avec elle des conversations profondes.

CHIFFON : Vous serez pris à parti à cause d'une rumeur qui s'avérera plus tard sans aucune valeur.

CHIEN : Vous avez de bons amis qui pensent à vous et qui vous sont très fidèles.

CHOCOLAT : Rêver de chocolat est un bon présage. Vous avez de la chance.

CHOUCROUTE : Une petite déception vous attend.

CHRIST : Le voir en rêve est un signe que vous avez été visité par un être supérieur pendant votre sommeil. Généralement, on s'éveille empreint d'une paix profonde et d'une sérénité qui ne s'estomperont que quelques heures plus tard.

CHROME : Vous serez attiré par des valeurs superficielles. Vous risquez de vous faire emberlificoter par des gens sans scrupules.

CIEL : Si vous voyez un ciel qui se dégage, des problèmes qui vous inquiètent se résoudront bientôt.

Si le ciel est menaçant, des ennuis vous guettent. Préparez-vous en conséquence. Lorsque la tempête frappe, il vaut mieux être bien préparé.

CIMETIÈRE : Étrangement, rêver d'un cimetière veut généralement dire que la vie vous sourit. Contrairement à ce que plusieurs pensent, cela n'a rien à voir avec l'annonce d'une mort.

CINÉMA : Se rendre dans une salle de cinéma signifie que vous aspirez à une autre vie ou encore à améliorer ce que vous vivez présentement.

Faire du cinéma est un signe que vous ajoutez volontairement des aspects dramatiques à ce que vous vivez. Soyez plus simple et n'exagérez pas les petits malheurs que vous pourriez connaître.

CISEAUX : Des ciseaux signifient une rupture. Il peut s'agir d'une séparation, d'une mortalité ou d'un départ.

CLAIRON : Entendre un clairon signifie que vous gagneriez beaucoup à être moins confus dans ce que vous exprimez de vous-même.

Jouez du clairon est un signe que vous vous servez de prétextes pour justifier votre paresse. Vous devriez agir un peu plus. On dit souvent que les bottines doivent suivre les babines.

CLAVIER : Se servir d'un clavier d'ordinateur indique que vous devriez parler un peu plus de ce que vous ressentez. Sortez de votre mutisme lorsque vous êtes déçu ou mélancolique.

CLIMATISEUR : Vous serez soulagé par le dénouement d'une situation embarassante.

CLOCHE : Si vous entendez une cloche, quelqu'un pourrait vous faire signe pour que vous vous joigniez à un événement heureux. N'hésitez pas si vous vous sentez le cœur à la fête, mais restez tout de même prudent dans vos déplacements.

CLOISON : Vous vous sentirez contraint à exécuter des tâches qui ne vous plaisent pas du tout et qui vous dévaloriseront aux yeux de certains.

CLOU : Si vous rêvez que vous frappez sur un clou, vous pourriez avoir à travailler très fort pour vous sortir d'une situation délicate. Faites attention !

Si quelqu'un frappe sur un clou, on essaiera de vous faire du mal. Probablement plus du côté financier. Si vous êtes en affaires, méfiez-vous, sans devenir paranoïaque toutefois.

COCKPIT : Vous souhaitez que l'on vous laisse plus de contrôle sur votre vie et sur certaines décisions qui, de toute façon, n'impliquent que votre personne.

COFFRE-FORT : Votre aisance financière augmentera bientôt, mais soyez tout de même prudent. Un certain niveau de danger existe.

COLIS : Un cadeau-surprise vous sera offert. Vous le recevrez probablement pas la poste ou encore d'une façon indirecte.

COLLÈGE : Des éléments de tâches à accomplir viendront troubler des instants que vous auriez voulu entièrement consacrés au repos et à la recherche d'une certaine harmonie.

COLONNE : On pourrait vous demander de soutenir une connaissance dans une épreuve difficile.

COFFRE-FORT : Attention, on vous envie. Vous devrez vous protéger contre des personnes peu attentionnées. Si le coffre est ouvert, faites encore plus attention.

CONCERT : Entendre un concert est un signe de réussite sociale à venir.

CORBEAU : Attention à vos biens. Il y a des risques de cambriolage à votre demeure.

COULOIR : Si vous marchez dans un couloir, une situation vous obligera à faire plusieurs démarches quelque peu frustrantes.

Si le couloir est devant vous et que vous restez immobile, vous manquez de confiance en vous. Vous devriez foncer un peu plus lorsqu'une chose vous tient à cœur.

COURSES : Faire des courses est un signe que vous devriez chercher du temps pour des loisirs. Vous travaillez probablement trop et les responsabilités vous occasionnent un stress que vous pouvez de moins en moins supporter. Pensez à votre santé.

COUTEAU : Vous allez vivre des moments désagréables. Probablement s'agira-t-il d'une séparation avec un conjoint ou avec un autre être cher.

Être agressé avec un couteau signifie que la rupture sera très difficile et qu'il y aura des cœurs meurtris. Rappelez-vous alors que les obstacles sont faits pour apprendre.

CRAVATE : Votre vie professionnelle pourrait prendre des directions insoupçonnées après une ou des rencontres avec des personnes qui occupent des fonctions importantes.

CRAYON : Vous rencontrerez une personne qui fera sa marque dans le domaine des arts et qui vous aidera beaucoup, mais de façon détournée.

Casser un crayon signifie rompre avec des mauvaises habitudes de vie.

CRÊPE : Une sortie agréable sera aussi une occasion de vous rappeler des souvenirs d'enfance.

CROIX : Rêver à une croix est synonyme de joie et de bonheur à venir. Toutefois, méfiez-vous si la croix est recouverte d'un tissu. Il pourrait alors s'agir d'une mortalité.

D

DAUPHIN : Une amitié très forte va bientôt se révéler à vous. Il s'agira d'une nouvelle personne dans votre vie qui vous accompagnera longtemps en ami sincère et dévoué.

DÉBRIS : Voir des débris indique que quelque chose est en train de se désorganiser en vous. Si vous ne voyez pas de quoi il s'agit, un examen de conscience serait approprié avant que votre situation ne se détériore.

DÉCOMPTE : Vous aurez des problèmes avec des échéanciers.

DÉCOR (de théâtre) : Vous aurez une légère tendance à vous laisser impressionner par de beaux discours.

DÉFILÉ (de mode) : On fera appel à vos conseils pour évaluer le comportement de certaines personnes de votre entourage personnel ou professionnel.

DÉFUNT : Rêver à un défunt signifie que vous avez probablement eu sa visite durant votre sommeil. Vous pourrez peut-être compter sur sa présence à vos côtés lors d'un moment difficile à venir.

DÉJEUNER : Prendre un déjeuner en rêve équivaut à un renouveau dans un secteur de votre vie qui vous tient à cœur, mais qui vous a fait souffrir durant les dernières années.

DÉLUGE : Voir un déluge se produire signifie que vous subirez un chagrin.

DENTS : Si vous rêvez à des dents blanches et en santé, vous connaîtrez beaucoup de bonheur.
S'il s'agit de dents cariées ou qui ont un aspect dangereux et agressif, vous ferez face à de l'adversité. Méfiez-vous des beaux parleurs.

DENTELLE : Portée en quantité, le dentelle est signe de superficialité.

Si vous rêvez à de la dentelle simple et bien dosée, c'est un signe de noblesse et de bons sentiments.

DÉSERT : Marcher dans un désert est un signe que vous vous sentez délaissé par vos amis.

Traverser un désert accompagné d'une caravane signifie que vous êtes sur le point de vous associer à un projet et à des partenaires très intéressants, mais que vous devrez bien exprimer ce que vous attendez.

DESSERT : Manger du dessert en grande quantité est un signe que vous vivez des frustrations et que votre santé est en danger.

Voir du dessert et ne pas en manger veut dire que vous serez soumis à de grandes tentations que vous savez néfastes, mais qui sont très difficiles à écarter.

DIABLE : Si le diable surgit sur votre chemin, c'est que l'on essaiera de vous écarter sans courtoisie ni respect d'un projet auquel vous tenez beaucoup.

Si le diable ne fait que vous regarder passer, vous éviterez de justesse, grâce à un peu de sagesse, des embûches très coûteuses.

DIAMANTS : Si vous voyez des diamants qui illuminent de leurs reflets, vous risquez de dévier de vos objectifs pour des considérations sans lendemain. Attention aux décisions hatives.

Si vous portez les diamants, vous épaterez quelqu'un d'important prochainement, ce qui vous vaudra du respect, mais aussi de la jalousie.

DIARRHÉE : Souffrir d'une diarrhée en rêve signifie que vous retenez en vous des frustrations que vous devriez exprimer à ceux qui les provoquent. Ce que l'on garde trop longtemps en soi devient de plus en plus malsain au fur et à mesure que le temps passe.

DICTATEUR : Une personne de votre entourage ou un collègue vous prendra comme souffre-douleur. Vous devrez agir avec grande prudence, car cette personne aura des appuis de taille.

DICTIONNAIRE : Un travail important vous attend. Vous releverez ce défi et le succès vous attendra. Par contre, il vous faudra travailler avec beaucoup de méthode et de discipline pour en venir à bout honorablement.

DIÈTE : Vous entrerez bientôt dans une période où vous manquerez de confiance en vous. Vous devrez absolument éviter de vous décourager et de vous amoindrir aux yeux des autres, mais aussi à vos propres yeux.

DIEU : Un événement heureux est à venir, ou encore vous êtes à l'aube d'une véritable période de grâce. Tout vous réussira et il vous semblera qu'une force veille sur vous. De plus, si à votre réveil vous baignez dans la paix et la sérénité, vous avez probablement été visité par une âme supérieure.

DIFFÉREND : Rêver que des gens expriment des différends est un signe que vous mettrez cartes sur table dans une situation conflictuelle. L'effet sera à votre avantage. La sincérité a toujours le dessus sur les manigances. Par contre, si les différends sont exprimés avec colère et agressivité, méfiez-vous, il y aura de la mauvaise foi de la part de l'autre partie.

DILIGENCE : En conduire une indique que vous deviendrez d'une grande importance pour certaines personnes. Elles compteront sur vous pour saisir des occasions intéressantes.

Si vous en voyez une, vous aurez une visite inattendue et importante qui pourrait changer bien des choses à votre quotidien pendant quelques jours.

DINDON : Si le contexte est joyeux et agréable, vous recevrez plusieurs personnes prochainement et tout se déroulera selon vos plans.

Si le contexte est tendu et désagréable, vous serez ridiculisé par certaines personnes qui ne veulent pas votre bonheur. Restez tout de même de glace, ne vous emportez pas, cela desservirait votre cause. Soyez imperméable.

DIPLÔME : Vous obtiendrez la reconnaissance de personnes qui vous aiment beaucoup et qui vous estiment.

DIRIGEABLE : Vous serez appelé à faire un voyage que vous n'aviez pas prévu. Tout se déroulera très bien, malgré vos appréhensions et vos angoisses. Laissez-vous porter par les événements.

DISCOURS : Si vous faites vous-même un discours, prenez garde à vos paroles lorsque vous parlerez devant plusieurs personnes à la fois. On pourrait mal interpréter vos propos.

Si vous assistez à un discours, quelqu'un vous parlera en cherchant à vous impressionner. Ne soyez pas déstabilisé par ce que vous entendrez. Il y aura beaucoup d'exagération dans ces propos.

DISGRÂCE : Une personne que vous connaissez (ou peut-être vous-même) perdra son emploi ou subira un blâme de ses supérieurs ou clients. Ne paniquez pas si cela vous arrive, vous retomberez sur vos pieds avant longtemps.

DISTILLERIE : Vous devriez commencer à refuser lorsque l'on vous offre de l'alcool. Vous pourriez souffrir soit d'alcoolisme ou d'une maladie liée à la consommation d'alcool. Rappelez-vous que la modération (et même l'abstinence) a souvent bien meilleur goût.

DIVAN : Vous aurez une discussion intéressante et très importante pour votre avenir. (Le mot divan vient de la langue turque et désignait la salle où se tenait le Conseil du Sultan. On y discutait de questions importantes pour le royaume.) Soyez donc attentif.

DIVORCE : Rêver d'un divorce n'est pas nécessairement catastrophique. Il s'agit peut-être d'une situation qui vous amènera à vous séparer d'une habitude malsaine. Mais il peut aussi s'agir d'une véritable rupture amoureuse, quoique cette signification soit plus rare.

DOIGTS : Voir des doigts est un signe de travail ou de tâches à exécuter. Peut-être avez-vous trop tendance à remettre à plus tard les choses à faire et elles viennent vous hanter pendant votre sommeil.

DOMICILE : Perdre son domicile signifie généralement que vous aurez de grands changements à vivre et que ça ne sera pas toujours facile. Vous pourriez avoir à dire adieu à des choses qui vous tenaient à cœur.

Emménager dans un nouveau domicile veut plutôt dire que vous progresserez avantageusement et que la vie mettra sur votre chemin des événements heureux.

DOMINO : Jouer avec des dominos est agréable mais comporte une certaine dose de danger lorsqu'il s'agit d'un rêve. En effet, vous êtes présentement dans une situation délicate que vous avez vous-même mise en place, et vous vivez un peu d'angoisse lorsque vous réfléchissez aux conséquences qui pourraient survenir à n'importe quel moment.

DORURE : En voir en rêve indique que l'on cherchera à vous impressionner et peut-être même à vous attirer dans une direction qui vous serait défavorable à moyen terme.

Par contre, si vous manipulez vous-même des objets avec de la dorure, vous pourriez saisir une occasion intéressante sur le plan financier. Soyez tout de même très prudent, car dans ce genre de rêve, un rien peut en changer la signification.

DORTOIR : Certains aspects de votre vie ne vous satisfont pas. Vous auriez besoin que les choses bougent un peu plus. Vous souhaiteriez plus d'imprévus et d'aventures.

DOUANIER : Vous serez sous observation sans que vous ne vous en doutiez. Il s'agit toutefois d'un événement mineur qui n'aura aucune conséquence.

DOUBLURE : Posez une doublure à un vêtement indique que vous aurez à vous adapter à une situation que vous n'aimerez pas.

Enlever une doublure veut dire que vous réussirez à vous installer confortablement dans un nouveau milieu.

Déchirer une doublure signifie que vous vivrez difficilement un changement dans la relation que vous entretenez avec une personne que vous respectez beaucoup et à laquelle vous tenez.

DOUCHE : En prendre une équivaut à faire un ménage dans votre esprit. Éclaircissez vos idées et départagez les choses que vous aimez et celles que vous n'aimez pas.

Si l'eau n'est pas à une température confortable, vous ne réussirez pas à éviter les vagues.

Si la température est bien, votre entourage comprendra ce que vous êtes en train de faire.

DOUILLETTE : Vous souhaiterez vivre des moments plus confortables entouré de personnes que vous aimez. Il ne fait aucun doute que vous en avez besoin. Priorisez cette réalisation dans votre planification du temps.

DRAKKAR : Vous craindrez les difficultés financières et le doute vous envahira quant à vos décisions de placement.

Si le drakkar ne fait que passer, pas d'inquiétude dans la réalité.

Si le drakkar accoste, soyez vigilant.

S'il vous attaque, prévoyez déjà des réserves pour des jours plus sombres.

DRAPEAU : Une personne proche de vous, peut-être un enfant, aura besoin de vous pour le guider et pour lui faire connaître des valeurs réconfortantes. Ne baissez pas les bras même si la situation est exigeante. Les résultats seront très valorisants.

DRAPERIE : Vous chercherez à cacher quelque chose dont vous avez un peu honte. Si vous avez confiance en quelqu'un, confiez-vous à cette personne. Vous pourriez bénéficiez de conseils judicieux et vous sortir d'une situatin embarassante.

DROGUES : S'il s'agit de drogues légales et que vous en prenez, vous aurez un comportement qui déplaira à certains, mais rien de bien vilain.

Si les drogues que vous prenez sont illégales, vous pourriez vous attirer des ennuis plus importants si vous persistez à défier l'autorité.

Si une autre personne prend ces drogues, les descriptions déjà citées s'appliqueront à une personne de votre entourage.

DRUIDE : Une personne de très bon conseil et faisant preuve d'une grande sagesse vous influencera dans un avenir rapproché, à moins qu'il ne l'ait fait dans votre sommeil. Essayez de vous replongez dans ce rêve pour vous rappelez les détails.

Si vous êtes vous-même un druide dans votre rêve, votre destin vous conduira vers une plus grande sagesse dans les années à venir. Tentez de vous recentrer sur des questions d'ordre spirituel au cours des prochaines années.

DUCHESSE : Une femme à la réputation sans tache vous paraîtra pourtant un peu frivole. Écoutez bien ses paroles, car elle pourraient vous indiquer le chemin à ne pas emprunter.

DUEL : On cherchera à vous provoquer. Ne répondez pas. Vous ne devez pas gaspiller vos énergies et votre temps à des combats stériles.

DYNAMITE : Si vous manipulez de la dynamite, on portera à votre connaissance des éléments qui pourraient compromettre certaines personnes et leur faire du tort. Ne cédez pas à la tentation de prendre le rôle de celui ou celle par qui le scandale arrive. Vous joueriez ainsi le rôle de ceux qui ne veulent pas se salir les mains.

Si vous voyez de la dynamite exploser, un couple que vous connaissez bien se séparera. Ne vous en mêlez pas.

E

EAU : Boire de l'eau est un signe que votre santé ne sera pas une source de soucis. Si vous êtes malade, c'est un signe de guérison probable.

Se baigner dans de l'eau signifie que votre corps et votre esprit ont besoin de repos.

ÉBOULEMENT : Un événement marquera votre humeur dans les prochaines semaines. Les conséquences ne seront pas heureuses et vous devrez faire votre deuil, pour l'instant, de projets et d'ambitions que vous vouliez réaliser.

ÉBRÉCHURE : Petit incident à venir qui vous causera des inquiétudes. Implication possible d'un enfant turbulent.

ÉCAILLES : Si vous rêvez à des écailles de poisson ou de serpent, vous aurez une surprise dans un avenir rapproché. Il vous faudra cependant en découvrir le véritable sens. Il s'agit peut-être d'une déclaration déguisée ou d'une mise en garde.

ÉCHAFAUD : Des promesses ne seront pas tenues. Si vous vous trouvez sur l'échafaud, ce sont les vôtres qui décevront quelqu'un. Si vous n'y êtes pas, vous en serez la victime.

ÉCHALOTE : Vous aurez des troubles digestifs qui s'aggraveront si vous ne commencez pas dès maintenant à revoir vos mauvaises habitudes alimentaires.

ÉCHANGISME : Vous pourriez avoir des fantasmes dont vous ne parlez jamais, mais qui deviennent parfois de véritables obsessions. Si c'est votre cas, vous devriez initier une démarche auprès d'un psychologue.

ÉCHARDE : On cherchera à vous nuire en ramenant au présent une action bénigne que vous avez commise dans un passé lointain. Vous n'en soufffrirez pas vraiment.

ÉCHAUFFOURÉE : Vous reverrez brièvement une personne qui vous sera devenue plutôt antipathique.

ÉCHEC : Jouez aux échecs équivaut à vous préparer, durant votre sommeil, à assumer des responsabilités qui vous angoissent légèrement.

Subir un échec, paradoxalement, signifie une réussite à venir.

ÉCHELLE : Vous montez dans une échelle, le succès vous attend.

Vous tombez d'une échelle, attention à ne pas trop vous en mettre sur les épaules.

Si vous rêvez que vous avez le vertige dans une échelle, vous ne vous sentirez pas à votre place en compagnie de certaines personnes de votre entourage professionnel ou personnel.

ÉCLAIR : Des événements inattendus se produiront et vous devrez être très rapide pour en saisir des retombées positives.

ÉCLIPSE : Si vous regardez une éclipse sans vous protéger les yeux, vous aurez des problèmes de santé si vous ne faites pas suffisamment attention à vos habitudes de vie.

Si vous en observez une en vous protégeant les yeux, vous serez témoin d'une manifestation de charité et de solidarité impliquant des gens dont vous ne soupçonniez pas la bonté.

ÉCOLE : Vous voir à l'école signifie que vous avez une leçon à tirer d'événements un peu tristes que vous vivrez bientôt.

ÉCRITEAU : Quelqu'un cherchera à vous faire comprendre une chose primordiale. Vous devez être attentif pour ne pas rater une occasion d'aider un proche.

ÉCUME : Si vous rêvez à une écume blanche, une bonne nouvelle vous parviendra de façon surprenante.
Si elle est grisâtre, c'est une mauvaise nouvelle qui vous parviendra.

ÉCUREUIL : Une personne au caractère assez différent du vôtre vous procurera un certain calme au milieu d'une petite tempête que vous aurez vous même déclenchée.

ECZÉMA : Vous aurez une réaction disproportionnée lors d'un événement stressant. En étant prévenu par votre rêve, vous aurez plus de chance de vous contrôler et de ne pas perdre votre sang-froid.

EFFACE : Vous serez amener à constater la valeur du pardon prochainement. Soit que vous aurez à pardonner, soit que vous demanderez pardon à quelqu'un d'autre.

ÉGLISE : Assister à une cérémonie religieuse présage d'une harmonie à venir dans votre vie en relation avec ceux qui vous entourent.

Voir une église brûlée signifie une profonde dispute qui laissera des séquelles dans votre famille.

ÉGOUT : En voir signifie que vous serez témoin de chicanes et de querelles assez acharnées entre des personnes que vous connaissez. Ne vous en mêlez pas si ce n'est pour calmer le jeu.

Si vous êtes dans des égouts, vous ne sortirez pas intact d'une dispute, peut-être avec un voisin, mais assurément avec une personne que vous connaissez déjà. Tentez de ne pas jeter d'huile sur le feu.

ÉGYPTIEN : Vous ferez un voyage qui sera aussi un prétexte à un retour sur le passé.

ÉJACULATION : Si vous êtes une femme, vous êtes probablement en état de légère frustration sur le plan sexuel ou à d'autres niveaux.

Si vous êtes un homme, vous êtes soit un homosexuel qui ne s'assume pas, soit mal à l'aise avec le fait d'avoir perdu une érection au mauvais moment.

ÉLASTIQUE : Si un élastique brise, vous risquez d'être la victime d'un petit accident dont vous sortirez blessé légèrement.

Si vous en étirez un et qu'il ne brise pas, vous bénéficierez d'une énergie extraordinaire dont vous devriez profiter pour faire avancer ce qui traîne depuis un certain temps peut-être.

ÉLECTIONS : Si vous gagnez des élections, succès à l'horizon, malgré vos craintes et appréhensions.

Si vous en perdez, vous devrez faire votre deuil d'une chose dont vous souhaitiez bénéficier.

ÉLECTROCHOC : Recevoir des électrochocs équivaut à un avertissement sérieux que vous devez améliorer ce qui ne va pas dans votre vie, sinon vous risquez d'en payer le prix.

ÉLECTRON : Si vous rêvez que vous manipulez des électrons, il s'agit d'un présage tout à fait emballant. Vous avez la capacité de faire de grandes choses et ce potentiel est à votre portée. Vous devez développer votre confiance en vous.

ÉLÉPHANT : La chance vous sourira et le succès sera au rendez-vous.

EMBALLAGE : S'il s'agit d'un bel emballage, vous aurez une surprise agréable.

Si l'emballage est défait ou abîmé, vous aurez plutôt une déception.

EMBAUMEMENT : Vous devrez faire votre deuil de quelqu'un ou de quelque chose d'important. Au sens propre ou encore au sens figuré.

EMBRASSER : Le faire avec passion, vous connaîtrez une grande joie.

Embrasser de force, mauvais présage.

Embrasser mollement, on essaiera de vous endormir.

EMBRAYAGE : Vous devrez penser à mettre les énergies nécessaires pour atteindre vos objectifs, sinon la chance passera tout droit. Rien ne vient sans effort.

EMBRYON : Vous commencerez quelque chose que vous ne pourrez terminer dû à des circonstances qui ne dépendent pas de vous.

EMBUSCADE : Vous serez surpris par l'attitude d'un proche ou d'un collègue qui semblera faire fi des stratégies déjà établies pour faire cavalier seul et vous nuire dans une démarche.

ÉMEUTE : On manifestera de la colère à votre endroit. Vos décisions ne feront pas l'unanimité et les opposants s'organiseront pour vous le rappeler.

EMPEREUR : Une personnalité forte et dominante fera son entrée dans votre vie.

Si l'empereur est bon, les conséquences seront favorables.

Si l'empereur est vilain, vous aurez à en souffrir.

EMPRUNT : Vous devriez surveiller votre crédit. Ne vivez pas au-dessus de vos moyens.

ENCENS : Vous êtes sous la protection d'un être rempli de bonté et de bienveillance. Vous devez répondre à cette protection en tentant de vous améliorer le plus possible. Devenez vous-même un protecteur pour d'autres qui en ont besoin.

ENCHANTEMENT : Vous serez ravi par une personne au caractère plutôt charmant. Gardez tout de même votre sens critique.

ENCLUME : Ne vous placez pas dans une position délicate car vous en souffririez inévitablement. Rêver d'une enclume est un avertissement qu'il ne faut pas prendre à la légère. Si vous ne savez pas de quoi il peut s'agir dans votre vie, dites-vous simplement que vous devrez, dans les prochains jours, répondre d'une façon neutre à toute personne qui vous demandera de vous prononcer sur un sujet délicat.

ENCYCLOPÉDIE : Vous devrez être méthodique et très ordonné dans l'exécution de vos prochains travaux.

ENFANT : La prospérité se manifestera de façon évidente dans un avenir plus ou moins lointain. Vous aurez du succès au plan social ou professionnel, ou encore aux deux à la fois.

ENFLURE : Si vous souffrez d'une enflure, vous aurez à surveiller vos propos afin de ne pas vous retrouver dans une position délicate.

Si quelqu'un d'autre souffre d'une enflure, cela signifie que vous aurez à écouter une personne au discours ennuyeux et futile.

ENGOURDISSEMENT : Si vous en souffrez, vos affaires n'iront pas selon le rythme prévu au départ.

Si vous voyez quelqu'un d'autre en souffrir, vous serez ennuyé par une certaine léthargie affectant des membres de votre entourage. Il y a même danger de faillites qui pourraient vous nuire.

ENGRAIS : Vous serez surpris par la vigueur et la rapidité à laquelle on exécute vos demandes.

ENGUEULADE : Vous devrez côtoyer des personnes aux priorités bien différentes des vôtres.

ENJOLIVEUR : On détourne un peu la vérité pour essayer de vous manipuler.

ENLÈVEMENT : Vous serez littéralement envahi par les angoisses les plus folles. Si vous ne réussissez pas à vous calmer et à vous raisonner, demandez l'aide d'un psychologue.

ENNEMI : Être harcelé par un ennemi signifie que vous n'avez pas la conscience tranquille et que vous craignez d'être piégé.

Être en négociation avec des ennemis veut dire que vous feriez mieux d'adopter le dialogue pour résoudre une situation conflictuelle avec une personne de votre entourage.

ENNUI : Vous vous retrouverez seul. Essayez de mieux vous connaître pour maîtriser cette solitude qui vous fait si peur.

ENTREVUE : Quelques personnes de votre entourage communiqueront avec vous pour vous entretenir d'un sujet anodin, mais tout de même important.

ENVAHISSEUR : Si vous êtes envahi dans votre rêve, vous recevrez plusieurs personnes en même temps à l'occasion d'une fête de famille ou d'une réunion de travail avec des collègues. Sans que ça devienne catastrophique, vous serez débordé par la tournure des événements qui s'y produiront.

Si vous participez à un envahissement, vous pourriez rater une excellente occasion de prouver que vous avez un certain savoir-vivre.

ENVELOPPE : Recevoir une enveloppe équivaut à récolter ce qui ne vous revient pas de plein droit.

Donner une enveloppe peut signifier que vous serez tenté de recourir à un mensonge pour atteindre vos objectifs. Réfléchissez bien aux conséquences de ce que vous pourriez décider.

ENVOLÉE : Participer à une envolée indique que vous connaîtrez un certain succès en rapport avec un projet emballant dans lequel d'autres personnes seront aussi impliquées.

Regarder une envolée signifie plutôt que vous pourriez vous dissocier d'un tel projet avant l'atteinte du succès que vous anticipiez pourtant.

ÉPARGNE : Faire des épargnes en rêve est un symbole qui vous prévient de vous attendre à vivre une période difficile et quelque peu déconcertante.

ÉPAULARD : En voir un ou plusieurs en rêve signifie que des personnes ambitieuses chercheront à vous écarter afin de profiter de ce qui vous appartient.

ÉPAVE : N'angoissez pas outre mesure avec certaines paroles que vous avez entendues vous concernant. Les gens portent des jugement à l'emporte-pièce dans le but de vous déstabiliser, mais ils échoueront si vous savez bien naviguer.

ÉPÉE : Vous serez tenté de faire confiance un peu trop rapidement. Laissez aux autres le temps de faire leurs preuves.

Si vous portez l'épée, ce sera vous qui serez appelé à faire vos preuves avant d'obtenir la confiance de vos supérieurs.

ÉPERON : Si vous voyez des éperons, vous serez fortement sollicité durant les prochaines semaines.

Si vous portez vous-même les éperons, vous deviendrez un peu trop exigeant envers des membres de votre entourage ou envers vos collègues.

ÉPICES : En voir signifie que vous êtes à la recherche d'une idée qui vous permettra de changer votre quotidien.

ÉPIDÉMIE : Soyez très prudent, votre santé pourrait être mise à rude épreuve.

ÉPIGRAPHE : Vous êtes à la recherche d'une parole ou d'un signe qui vous indiquerait la bonne décision à prendre.

ÉPILATION : Vous serez placé dans une situation où vous aurez l'obligation de dévoiler la vérité à une personne que vous auriez aimé ménager.

ÉPINETTE : Vous souhaitez être un peu plus seul actuellement. Vous avez besoin de faire le point.

ÉPINGLE : Vous aurez à rendre des comptes à un ami ou à un membre de votre famille envers qui vous avez contracté une dette. Il peut s'agir d'une dette d'argent, mais aussi d'une dette prenant une autre forme.

ÉPITAPHE : La vue d'une épitaphe en rêve vous annonce l'éloignement d'une personne que vous aimez bien. Il peut s'agir d'un voyage, d'un déménagement, d'une querelle ou d'une mort.

ÉPLUCHURE : Un grand ménage s'annonce autour de vous.

ÉPONGE : Si vous manipulez une éponge, on se servira de vous sans égard à ce que vous désirez véritablement.

Si vous voyez une éponge, vous deviendrez le confident de plusieurs personnes. Ce qui pourrait vous placer en situation de conflit d'intérêts ou, à tout le moins, entre l'arbre et l'écorce.

ÉPOUVANTAIL : Si vous êtes un épouvantail, vous ferez le vide autour de vous de façon bien involontaire.

Si vous en apercevez un, vous vous sentirez trahi par une personne en qui vous aviez confiance.

ÉQUATION : En voir sans pouvoir les résoudre signifie que vous aurez à demander de l'aide pour trouver une issue à un dilemme.

Résoudre une équation indique que vous avez tout ce qu'il faut pour réussir. Cela n'exclut toutefois pas le recours aux conseils judicieux.

ÉRECTION : Que vous soyez une femme ou un homme, rêver à une érection signifie que des attentes et des besoins ne sont pas comblées.

ESCABEAU : Des occasions se présenteront à vous et vous aurez la chance de progresser rapidement.

Si vous tombez d'un escabeau, c'est peut-être le signe que vous brûlez les étapes et que vous courez des risques à agir ainsi.

ESCLAVE : Être soi-même un esclave n'est pas de bon augure. Des difficultés sont à prévoir dans les prochaines semaines. Si vous êtes maltraité durant ce rêve, les choses pourraient devenir plus préoccupantes.

Si vous avez des esclaves à votre service, vous pourriez être tenté d'abuser de la confiance que certaines personnes ont placée en vous. Il est ici fortement conseillé de faire un examen de conscience approfondi.

ESPADON : Vous aurez beaucoup de difficulté à vaincre une résistance très marquée envers vos idées, dans votre famille, ou plus probablement dans votre univers professionnel. On ne croit pas à votre jugement.

ESPADRILLES : Vous vous préparerez bientôt à exécuter une tâche très exigeante.

ESPION : Si vous l'êtes vous-même, vous entendrez certaines choses que vous n'auriez pas dû savoir.

Si vous voyez des espions, vous essaierez de dissimuler quelque chose.

ESPRIT : Si vous rêvez que vous êtes en contact avec des esprits, c'est probablement qu'ils ont véritablement entré en relation avec vous. Vous vous éveillerez probablement dans un état de sérénité profonde et de calme bienfaiteur.

Si, par contre, votre réveil se fait plutôt accompagné d'une certaine tension, vous êtes probablement en lutte contre des forces qui cherchent à vous influencer négativement.

ÉTAL : Vous aurez à parler en public et vous en éprouverez un certain niveau d'angoisse.

Si l'étal s'écroule, vous vivrez des difficultés à cette occasion.

Si l'étal est resplendissant, vous connaîtrez un succès certain.

ÉTALON : Voir un étalon est un signe qui vous annonce la réussite et la reconnaissance.

En chevaucher un est encore plus prometteur.

Tomber d'un étalon ou être attaqué par un étalon signifie un échec.

ÉTANG : Être sur le bord ou sur un étang calme et paisible veut dire que vous n'avez pas à vous soucier outre mesure de quelques petits incidents qui surviendront à court terme.

Si l'étang est plutôt bruyant et agité, ne vous gênez pas pour discréditer certaines rumeurs qui vous concernent ou qui touchent certains de vos proches.

ÉTAU : Pour les semaines à venir, ne vous en mettez pas trop sur les épaules. Vous entrerez bientôt dans une période de fragilité émotive qui aura des répercussions sur vos énergies physiques. Trop de responsabilités ou de tâches exigeantes pourraient vous causer un stress défavorable.

ÉTÉ : Si vous êtes en été durant votre rêve et que c'est le thème principal, c'est que vous avez une personnalité optimiste qui voit le bien dans tout.

ÉTENDARD : Vous aurez à défendre une cause ou des personnes que vous connaissez bien.

ÉTERNUEMENT : Si vous voyez quelqu'un éternuer, pesez vos paroles devant des gens que vous jugez peu scrupuleux des convenances.

Si vous éternuez, redoublez de vigilance lorsque vous parlez en public. On pourrait déformer vos propos.

ÉTOFFE : Si elle est somptueuse, des jours heureux vous sont promis.

Si elle est de qualité moyenne, votre quotidien sera fait de petites joies simples et passagères.

Si l'étoffe est dans un état douteux, des chagrins viendront vous hanter pour quelque temps encore.

ÉTOILES : En voir dans un ciel limpide vous annonce un bel avenir à long terme.

Si elles disparaissent, vous aurez à vivre une désillusion quant à la réalisation de vos ambitions.

ÉTOURNEAU : Méfiez-vous des histoires trop belles que l'on pourrait vous faire miroiter. Utilisez votre jugement ou demandez conseil auprès de personnes en qui vous avez confiance.

ÉTRENNES : En recevoir indique que vous êtes estimé de votre entourage et que l'on vous réserve peut-être une surprise pour vous le prouver.

En donner signifie que vous aurez à demander de l'aide à des personnes qui n'hésiteront pas une seule seconde à vous défendre.

Si des étrennes sont volées, on cherchera à briser des liens d'amitié entre vous et des proches.

ÉTRONS : Étrangement, voir des étrons dans un rêve est un symbole qui annonce un bonheur à venir.

EUNUQUE : Des gens essaieront de se donner une image positive alors que la réalité sera bien différente.

ÉVANGILE : Vous êtes à la recherche d'une signification plus profonde à votre vie et qui pourrait satisfaire ce besoin d'absolu que vous sentez en vous.

ÉVIER : Vous avez besoin d'une activité pour vous libérer d'un stress.

Si l'évier coule bien, vous réussirez.

Si l'évier est bouché, vous éprouverez de la difficulté à décrocher.

EXAMEN : Vous serez bientôt évalué dans votre travail ou par vos proches.

EXCAVATION : Vous chercherez à vous imposer par des moyens détournés.

Si les travaux se font sans problème, vous avez probablement la bonne solution dans votre jeu.

S'il y a des problèmes, vous devriez parler plus franchement à ceux qui sont concernés.

F

FACTEUR : Vous aurez des nouvelles assez inattendues de la part d'une personne qui réside à l'étranger.

FACTURE : Recevoir ou payer des factures signifie que vous aurez des dépenses que vous n'aviez pas prévues à votre budget.

FAISAN : Une personne vous proposera une affaire qui ne vous semblera pas claire. Ne vous y risquez pas sans avoir pris vos précautions.

FAKIR : Dans les prochaines semaines, vous devriez vous fier à vos intuitions. Vous serez particulièrement clairvoyant.

FALAISE : Vous aurez à travailler très fort pour venir à bout d'une tâche qui vous semblait pourtant familière.

FAMILLE : Rêver que vous êtes avec votre famille signifie que vous êtes attaché à vos proches et à votre entourage beaucoup plus que vous ne le pensez.

FANTASSIN : Vous vivrez des moments pénibles dans les semaines à venir. Essayez de ne pas vous en mettre trop sur les épaules, car vos énergies ne seront pas toujours disponibles. Il vous semblera que vous faites du surplace, mais peut-être est-ce dans le cadre de votre évolution.

FANTÔMES : Des souvenirs peu agréables vous hantent et vous empêchent de goûter au bonheur présent autour de vous. Tâchez de régler ces problèmes le plus tôt possible.

FAUCON : On aura l'œil sur vous dans les prochains mois. Soyez plus intelligent et ne vous faites pas avoir par de simples pièges qui serviront à tester la valeur de votre loyauté.

FAUSSE MONNAIE : Utiliser de la fausse monnaie en rêve signifie que vous chercherez à tromper quelqu'un dans un but qui n'est pas nécessairement malhonnête.

Recevoir de la fausse monnaie indique que vous serez la victime d'une supercherie.

FAUTEUIL : Si vous êtes assis dans un fauteuil, vous vivrez de meilleurs moments prochainement.

FÉE : On veille sur vous.

FÉLIN (autre que chat ou panthère) : Si vous êtes une femme, méfiez-vous des personnes trop douces et qui ont tendance à se placer comme des observateurs attentifs.
Si vous êtes un homme, méfiez-vous de la compétition inutile.

FENÊTRE : Un événement plus ou moins dramatique vous fera voir la vie de façon bien différente.

FENOUIL : Vous apprendrez une nouvelle qui vous laissera quelque peu amer.

FERBLANTIER : On cherchera à vous dissimuler un aspect important d'un projet pour éviter que vous ne vous retiriez alors que vous êtes un élément essentiel à sa bonne marche.

FERME : Votre avenir sera assurément confortable sur le plan matériel ou sentimental ou encore les deux en même temps. Par contre, vous devrez travailler fort pour y parvenir.

FESSES : Auriez-vous un petit côté exhibitionniste ou voyeur que vous dissimulez depuis longtemps?

FESTIN : Vous aimez bien recevoir des amis ou de la famille chez vous. De belles occasions se présenteront bientôt.

FEU : Si vous rêvez qu'une demeure est en feu, vous pourriez être confronté à un revirement pénible dans votre vie.

Si vous êtes autour d'un feu avec d'autres personnes, vous connaîtrez un renouveau sentimental très important et très stimulant.

FIANÇAILLES : Assister à des fiançailles présage une union avec une autre personne ou encore il s'agit de la découverte récente ou à venir d'une passion qui vous transportera de bonheur.

FILET : Être pris dans un filet est un signe que l'on vous envie et que l'on essayera de vous compliquer l'existence.

FLÈCHE : Difficultés à l'horizon.

FLEURS : Voir ou cueillir des fleurs est un signe d'une douce et confortable existence, réelle ou souhaitée.

FOIN : Si la récolte de foin est bonne, vous n'aurez pas de grand tracas financier dans les prochains mois.

Si le foin est rare, vous aurez de la difficulté à joindre les deux bouts.

FONCTIONNAIRE : Vous aurez peut-être à vivre quelques problèmes avec la justice ou encore avec des éléments de l'appareil gouvernemental. Il faut préparer certaines paperasseries avant qu'il ne soit trop tard pour vous sauvegarder de démarches pénibles.

FONDERIE : Votre travail ou vos tâches à la maison vous prendront beaucoup de votre temps. Soyez énergique et vous en viendrez à bout.

FONDUE : Plusieurs personnes vous prépareront une surprise qui vous fera chaud au cœur.

FONTAINE : Si vous voyez une fontaine en rêve, vous découvrirez une source d'inspiration. Peut-être s'agit-il d'un modèle qui pourrait devenir un mentor.

Si vous touchez à l'eau de la fontaine, vous serez vous-même sollicité pour aider une personne en manque de modèle positif.

FORÇAT : Si vous voyez un forçat, attention aux personnes qui ne vous sembleront pas claires.

Si vous êtes un forçat, soyez le plus droit et honnête possible. Ça vous profitera grandement.

FORCEPS : Vous vous renfermerez sur vous-même alors qu'il faudrait plutôt que vous parliez davantage pour obtenir l'aide que vous souhaiteriez pour régler un problème qui vous tracasse.

FORGERON : On vous proposera de réaliser un rêve que vous mijotez depuis longtemps. Toutefois, le résultat ne sera pas comme vous l'imaginiez. Un peu plus tard, une légère déception laissera la place à de la réjouissance.

FORTIFICATION : Si vous êtes à l'extérieur, vous vivrez un événement qui vous fera croire que certaines personnes vous laisseront de côté et formeront un genre d'association.

Si vous êtes à l'intérieur, vous aurez une agréable surprise vous permettant de lancer une idée originale qui aidera plusieurs personnes.

FOUET : Vous serez tenté par des penchants vers le vice. Si vous succombez, les choses pourraient mal tourner pour vous.

FOUGÈRE : Vous serez comblé de joie en étant témoin d'un succès obtenu par un de vos enfants ou par un membre de votre famille.

FOULARD : Des amis chercheront à vous protéger d'une personne qui vous veut du mal.

Si vous rêvez que vous perdez votre foulard, vous serez atteint dans votre amour-propre par des propos ou des gestes blessants. Essayez de ne pas vous laisser emporter.

FOULE : Si vous êtes à votre aise dans une foule, vous avez le respect des gens qui vous connaissent.

Si vous rêvez que vous êtes mal à l'aise dans une foule, vous devriez examiner d'un peu plus près la sincérité des gens qui composent votre entourage.

FOUR : Si le four chauffe et qu'il est vide, vous subirez les conséquences d'une faillite malheureuse.

Si le four est chaud et qu'il y a quelque chose à l'intérieur, vos efforts seront récompensés.

FOURCHE : Une personne qui n'est pas sans taches cherchera à vous offenser, voire à vous insulter devant plusieurs de vos proches. Vous risquez de le prendre très mal et de répliquer à quelqu'un qui ne cherche qu'à vous provoquer.

FOURMI : Vous courez des risques du côté de votre santé. Circulation sanguine et tension artérielle seront à surveiller dans les prochains mois.

FOURRURE : Vous avez un penchant pour le luxe et le confort.

Si, dans votre rêve, la fourrure redevient un animal vivant, vous pourriez peut-être mettre en danger votre niveau de vie actuel en prenant des décisions trop hâtives quant à l'achat de biens dont vous n'avez pas véritablement besoin. Ne faites pas d'achat de façon compulsive.

FOYER : En voir un sans flamme indique que vous passerez beaucoup de temps à l'extérieur de votre résidence dans les prochaines semaines.

S'il y a du feu, vous trouverez votre contentement dans votre propre maison. Vous vous sentirez de plus en plus casanier.

FRAISE : Vos propos ou ceux d'un de vos proches manqueront de subtilité et vous risquez ainsi de blesser quelqu'un et de refroidir vos relations.

FRAMBOISE : Légèreté et douce folie seront vos thèmes pour quelque temps et c'est tant mieux pour vous.

FRANCISCAIN : Vous rencontrerez une personne qui aura beaucoup à vous apprendre tant sur le plan intellectuel qu'humain.

FRANGE : Vous éprouverez de la difficulté à discerner ce qui est bien de ce qui est mal pour vous. Ne prenez pas de décisions à la légère.

FRELON : On essaiera de vous faire un mauvais parti. Méfiez-vous des gens qui veulent trop votre bien.

FRESQUE : Si vous peignez une fresque, votre ambition sera dévorante et vous réussirez très bien dans de nombreuses tâches.

FRIANDISE : Si vous êtes une personne qui se donne beaucoup au travail, vous auriez intérêt à penser davantage aux loisirs. Vous aimez vous détendre, mais le déséquilibre entre le temps que vous passez au travail et celui que vous accordez à vos loisirs vous fait vivre beaucoup de frustration. Sans compter le stress qui commence à affecter votre bonne humeur.

FRIPERIE : Vous serez éprouvé par des temps difficiles, mais votre capacité à vous adapter vous sauvera bien des tracas.

FRUITERIE : Vous serez comblé par les retombées positives d'un travail qui vous a demandé beaucoup d'énergie et qui vous a causé de l'angoisse.

FUMÉE : On se servira d'un prétexte grossier pour s'infiltrer dans votre vie privée. Ne vous laissez pas envahir, vous ne vous en porterez que mieux.

FUSIL : La colère pourrait se mettre à gronder autour de vous si vous n'accordez pas plus d'attention à ceux qui comptent pour vous.

G

GALERIE : Si vous rêvez que vous êtes assis sur la galerie d'une maison, vous êtes probablement disposé à la paresse. Demandez-vous ce que vous pourriez faire pour vous activer un peu plus.

GANTS : Si vous portez des gants dans votre rêve, c'est que vous vivrez une période où vous devrez faire preuve de beaucoup de diplomatie.

Si vous perdez vos gants, vous vous sentirez un peu coincé par une situation délicate et vous souhaiterez que les gens se décontractent et se parlent sincèrement au lieu de se bouder.

GARAGISTE : Vous aurez des soucis concernant le matériel. Vous aurez peur que quelque chose fonctionne mal et lâche au mauvais moment.

GARDE-À-VOUS : Voir des gens être au garde-à-vous indique que vous énerverez votre entourage avec des exigences qui seront exagérées.

Être au garde-à-vous signifie que vous serez grandement sollicité pour effectuer des tâches pour lesquelles vous n'avez pas nécessairement toutes les aptitudes voulues.

GARDE-MANGER : S'il est vide, vous traverserez une période de disette et d'austérité qui vous laissera quelque peu amer.

Si le garde-manger est bien garni, vous trouverez les ressources nécessaires pour ne pas être dans le besoin.

GARNISON : Vous pourriez être bientôt dans une position où vous aurez à diriger d'autres personnes.

GÂTEAU : Vous serez invité à vous réunir avec des membres de votre famille ou avec des amis pour fêter un événement heureux.

GAZODUC : Attention au surmenage, vous avez tendance à trop en faire, quelle que soit la demande.

GAZON : S'il est vert et en bon état, vous aurez de la chance avec une démarche qui vous angoisse un peu.

Si le gazon est jaune et désséché, vous aurez des ennuis financiers qui vous préoccuperont pendant quelque temps.

GAZOUILLIS : Une période très belle est à venir. Si vous êtes attentif, vous verrez qu'elle s'annonce déjà.

GELÉE : Vous êtes beaucoup trop anxieux et vous ne pouvez pas vivre pleinement le moment présent. Vous auriez tout intérêt à vous détendre et à vous raisonner pour ne pas que votre santé se détériore.

GÉMISSEMENT : Entendre en rêve des gémissements révèle que vous avez de profondes insatisfactions qui risquent de vous faire prendre des décisions douteuses.

GÉNÉRIQUE : Voir défiler un générique signifie que vous êtes prêt à vous investir pour rendre les gens heureux autour de vous. Avez-vous pensé à œuvrer comme bénévole?

GÉNIE : Voir un bon génie en rêve vous apportera de la joie et de bonnes vibrations dans les semaines à venir.

Rêver à un mauvais génie est un signe qu'une partie de votre existence se déroule présentement en relation avec des gens qui ne vous veulent pas toujours du bien.

GEÔLIER : Une personne dans votre entourage est sous-estimée. Elle en souffre beaucoup même si les apparences portent à penser l'inverse.

GEYSER : Vos activités seront assez désordonnées pendant les prochaines semaines. Vous devriez vous organiser et trouver une façon de vous encadrer un peu plus. Vous y gagneriez beaucoup car, présentement, vous gaspillez énormément d'énergie.

GHETTO : On vous traitera de façon méprisante et vous aurez la tentation de vous replier sur vous-même. N'en faites rien, car on vous méprisera encore plus et vous serez de plus en plus malheureux.

GIFLE : Recevoir une gifle indique que vous ferez probablement la rencontre d'une personne qui vous éveillera à bien des choses.

Donner une gifle signifie que vous avez un certain comportement qui pousse les gens loin de vous.

GIRAFE : Vous devrez faire plus d'efforts que d'autres pour atteindre vos objectifs professionnels ou personnels.

GIVRE : Voir Gelée.

GLACIÈRE : Vous pourriez vous mettre vous-même à l'écart d'un groupe de personnes qui souhaiteraient plutôt l'inverse.

GLOBE TERRESTRE : Vous rêvez de voyage et d'aventure, mais vos obligations vous retiennent.

GLOUTON : En voir un signifie qu'une personne aura un comportement que vous trouverez déprimant et désagréable. Vous essaierez de ne pas subir son influence.

Être vous-même un glouton indique que vous chercher à vous protéger d'une émotion qui serait pourtant la bienvenue. Laissez tomber vos préjugés.

GNOME : Vous êtes sur le point d'avoir une nouvelle importante concernant un aspect de votre sécurité financière. Il pourrait ausi être question d'un héritage.

GOBELET : On pourrait chercher à vous dissimuler, voire à vous subtiliser une chose vous appartenant.

GOLF : Faire une partie agréable signifie que vous prendrez une bonne décision dans peu de temps.

Jouer au golf et ne pas s'amuser indique plutôt que vous ne devriez pas vous occuper vous-même de certaines choses qui demandent des talents que vous ne possédez pas.

GONDOLE : Vous avez un grand besoin d'une escapade romantique ou d'un dépaysement total.

GORILLE : Méfiez-vous des gens qui pourraient vous en vouloir, même pour des raisons bénignes.

GOUACHE : Vous aurez besoin de parler franchement avec un individu antipathique.

GOURDE : Vous avez peur de manquer de tout. Tranquillisez-vous, car, même si c'était vrai, vous ne pourriez rien y changer de toute façon.

GOUVERNAIL : Si vous échappez un gouvernail, vous vous sentirez perdu pour une raison de confiance en vous.
Si vous le tenez, vous serez un modèle pour une personne qui se cherche.

GRADIN : Saisissez toutes les chances pour vous rapprocher de vos objectifs.

GRAFFITI : On essaiera de vous faire comprendre une chose important, mais on dirait que vous parlez une autre langue.

GRAND-PARENT : Si vous rêvez de vos grands-parents, vous pourriez recevoir un message important d'une façon inattendue.
Si vous êtes un grand-parent, une nouvelle, triste ou joyeuse, vous touchera profondément.

GRANGE : Si vous rêvez d'une grange en bon état, vos finances se porteront de mieux en mieux.

S'il s'agit d'une grange délabrée, vous devriez peut-être penser à examiner ce qui ne va pas dans vos placements et dans vos épargnes. Vous devriez peut-être faire un budget réaliste.

GRAPPIN : Si vous rêvez qu'un grappin vous fait mal, vous serez mal reçu par des gens qui vous avaient pourtant invité eux-mêmes.

Si le grappin vous laisse insensible, une personne que vous ne connaissez pas beaucoup cherchera à se rapprocher de vous.

GRAVIER : Attention, des indiscrétions pourraient vous coûter la confiance d'un membre de votre famille ou d'un collègue.

GRELOT : Vous pourriez être témoin d'un événement anodin en apparence, mais dont vous mesurerez l'ampleur plus tard. Vous devrez alors avertir les personnes concernées.

GRENOUILLE : On parle dans votre dos. Faites attention aux mauvaises langues et, surtout, n'entrez pas dans leur jeu. Ce serait à votre désavantage.

GRÉSIL : Une mauvaise nouvelle n'arrive jamais seule. Vous devrez mettre certaines choses à l'abri pour un temps et laisser passer la tempête.

GRIMACES : Dans tous les cas, des grimaces dans un rêve n'augurent rien de bien fameux. Inconfort et moments difficiles sont à prévoir. Plus les grimaces seront affreuses, plus ces moments seront pénibles.

GROS-BEC : Tenez vos choses précieuses dans un endroit sûr, vous aurez la visite de gens envahissants qui feront peu de cas de votre intimité.

GROTTE : Ce symbole est un signe pour vous faire comprendre que votre pensée doit évoluer et que vous devriez avoir l'esprit plus ouvert face aux nouvelles tendances sociales.

GRUAU : Vous devrez surveiller votre alimentation, car vous prendrez peut-être un peu de poids. Faites de l'exercice.

GUENILLE : Si vous continuez au même rythme, vous brûlerez la chandelle par les deux bouts et vous perdrez votre santé.

GUÉRILLA : Un conflit s'agrandira dans votre famille ou au travail et amènera des gens à se diviser et à prendre parti. Vous devriez pourtant faire tout ce qui est en votre pouvoir pour calmer les esprits.

GUIMAUVE : Si vous rêvez que vous manger des guimauves, c'est que vous êtes nostalgique à l'idée que vous ne voyez pas assez souvent vos amis. Vous regrettez ces moments agréables partagés avec ceux qui vous sont chers.

H

HABIT : Si vous portez des habits neufs, des gains d'argent sont à prévoir.

Si vos habits sont vieux, préparez-vous à une disette en économisant.

HACHE : La colère couve en vous et vous risquez de tout envoyer en l'air. Le meilleur moyen de vous maîtriser est de ne pas ruminer trop longtemps les situations qui vous choquent. Exprimez-vous au bon moment.

La raison de ce rêve put aussi être que vous sentez la colère chez quelqu'un d'autre. Vous devriez essayer de discuter calmement dans un endroit neutre.

HACIENDA : Votre style de vie ne vous convient pas toujours. Vous sentez qu'il y manque un peu de folie.

HALEINE : Sentir la mauvaise haleine d'une autre personne indique que vous avez des ennemis tout près de vous.

Si vous avez vous-même une mauvaise haleine, vous devriez voir à vous faire examiner par un médecin. Vous vous sentez en bonne santé, mais un problème risque d'apparaître.

HALLUCINATION : Si vous rêvez que vous en avez, vous devriez vous confier à une personne en qui vous avez totalement confiance. Votre perception de la réalité risque de vous entraîner dans des situations aberrantes qui vous accapareront considérablement. Une analyse et des conseils d'une personne fiable vous permettront de penser autrement.

HALTÈRE : Vous aurez un grand besoin de vous dégourdir. À trop rester assis vous risquez de mettre votre santé en péril et d'avoir ainsi une côte importante à remonter.

HALTE ROUTIÈRE : Si vous passez tout droit à une halte-routière, vous manquerez probablement une chance qui ne se représentera pas de sitôt.

Si vous y arrêtez, vous profiterez d'un bon contexte pour planifier des vacances. Organisez bien vos moments libres, car ils ne seront pas nombreux et vous devrez en profiter au maximum. Bonnes vacances.

HAMEÇON : On tente de vous faire croire des histoires invraisemblables pour vous extorquer de l'argent.

HANGAR : Quelque chose vous intriguera grandement et vous chercherez à comprendre en investiguant la vie de plusieurs personnes. Prenez garde de ne pas être trop indiscret.

HAREM : Si vous êtes un homme, vos goûts pour le sexe sont peut-être un peu exagérés.
Si vous êtes une femme, vous craignez d'être trompée en amour.

HARPON : Si vous tirez un harpon, vous mettrez la main sur une chose que vous désirez depuis longtemps.

HASCHISH : Vous n'avez pas assez de folie dans votre vie. Pour en obtenir, n'allez pas commettre des choses sur un coup de tête et que vous regretteriez plus tard.

HAUTBOIS : Une expérience gustative ou romantique, ou encore les deux à la fois, vous fera un grand bien.

HAUT-DE-FORME : On pourrait vous snober ou vous-même vous pourriez snober une personne, selon que vous voyiez ou portiez un haut-de-forme.

HAUT-FOND : Si vous heurtez des hauts-fonds, vous pourriez connaître des difficultés à vous entendre et vivre des heurts avec un supérieur, un parent ou un professeur.

HÉLICOPTÈRE : Vous aimeriez bien être riche et célèbre. Si cela vous arrivait, ne reniez pas votre passé et vos origines.

HÉMORRAGIE : Des renseignements confidentiels seront connus sur vous et vous pourriez avoir à réparer les pots cassés. Attention à vos cartes de crédit.

HÉRISSON : Vous aurez à défendre votre point de vue avec âpreté.

HÉRITAGE : Si vous en recevez un, vous obtiendrez la reconnaissance que vous souhaitiez.

Si vous en donnez un, vous êtes une personne qui pensez peut-être trop au bien-être des autres et pas assez au vôtre.

HÉROS : Si vous êtes un héros en rêve, vous envierez la vie plus mouvementée d'une connaissance. Rappelez-vous toutefois que l'herbe semble toujours plus verte chez le voisin.

HIÉROGLYPHE : Il vous sera imposssible de comprendre le comportement d'un proche ou d'un collègue.

HIRONDELLE : De meilleurs jours sont à venir. L'espoir vous animera.

HIVER : Vous craignez d'être perçu comme une personne froide et sans passion. Souvenez-vous que pour être chaleureux, il faut d'abord être bien dans sa peau.

HOCKEY : Vous devrez faire preuve de caractère car de l'opposition s'organise au travail ou à la maison.

HOMME-GRENOUILLE : Vous travaillerez en secret, mais les résultats que vous obtiendrez seront vus au grand jour.

HONNEUR : Recevoir des honneurs indique que vous souffrirez de solitude.

HONTE : Ressentir de la honte est un signe que vous n'êtes pas toujours fier de ce que vous vivez ou pensez.

HÔPITAL : Vous prendrez soin d'un proche qui viendra se confier à vous. Vous serez son dernier salut.

HORLOGE : Si vous rêvez que vous regardez une horloge, vous êtes probablement sensible au temps qui passe. Vous sentez que les années s'accumulent et il vous semble que vous n'avancez pas beaucoup.

HORS-BORD : Vous foncerez droit devant vous pour atteindre un objectif. Soyez tout de même prudent et attentif à la sensibilité de ceux qui vous entourent. Ils ne partagent peut-être pas vos façons de voir la vie.

HOUX : Voir des feuilles de houx présage d'une petite fête qui sera organisée à votre insu. Vous pourriez y faire des rencontres intéressantes.

HYPOTHÈQUE : Contracter une hypothèque indique que vous serez empêché de faire comme bon vous semble.

Payer une hypothèque veut dire que vous vous libérerez enfin d'entraves qui vous pesait lourd sur les épaules.

I

ÎLE : Si vous vous trouvez sur une île déserte, c'est un signe que vous devriez développer un réseau social plus important. Sortez de vos vieilles habitudes.

Si vous êtes en vacances sur une île, c'est que vous êtes satisfait de ce que vous avez accompli dernièrement. La récompense viendra sûrement d'une façon ou d'une autre.

IMMORTALITÉ : Si vous rêvez que vous êtes immortel, votre santé est au beau fixe ou encore, si vous êtes malade, elle s'améliorera considérablement et d'une façon inespérée.

IMPERMÉABLE : Votre santé sera bonne en dépit de problèmes qui vous angoisseront peut-être un peu.

IMPOSTEUR : Vous serez sur la route d'un charlatan qui tournera un certain temps autour de vous avant de constater que vous ne serez pas une victime facile. Si vous êtes sur vos gardes, bien entendu.

IMPRESARIO : On aura tendance à vouloir vous dire quoi faire et à diriger votre vie sans écouter ce que vous avez à dire et sans tenir compte de vos préférences. Ne laissez personne décider à votre place de ce qui est bon pour vous.

INCENDIE : Si votre maison est incendiée, vous vivrez une déchirure.

INCESTE : Vous appréhenderez des troubles importants concernant des membres de votre famille.

INDUSTRIE : Voir une industrie en rêve signifie que vous aurez beaucoup de travail dans un avenir rapproché. Si vous êtes au chômage, vous trouverez probablement un emploi.

INFIRMIÈRE : Vous serez malade ou victime d'un accident. Ce sera probablement bénin, mais vous devrez tout de même être patient avant de reprendre vos activités.

INONDATION : Si vous partez en voyage, vérifiez que tout soit en état avant de quitter votre maison ou votre appartement.

INSECTE : Vous ne détestez pas les petites choses qui demandent de la dextérité, car vous êtes minutieux et attentif.

INSPECTEUR DE POLICE : Quelque chose vous tracasse et vous n'avez pas la conscience tranquille. Vous aurez une occasion de régler cette situation bientôt.

IVOIRE : Vous serez fortement tenté d'acheter un bien de luxe. Vérifiez bien que cela représente une bonne affaire.

J

JAMBE : Si vous êtes une femme, vous rêvez de jambes car votre apparence vous inquiète. Vous avez peur de prendre du poids et de ne plus être attirante.

Si vous êtes un homme, vous trouverez une personne très sexy dans votre entourage? Cette personne fera tout pour vous séduire, même si vous décidez de refuser ses avances. Il faudra mettre cartes sur table.

JARDIN : Se promener dans un jardin fleuri signifie que vous prendrez bientôt des vacances, même si vous êtes inquiet des conséquences de votre absence.

Travailler dans un jardin vous indique qu'il serait grand temps de solidifier vos relations ou votre famille.

JAVEL (eau de) : Vous ferez un ménage dans vos vieilles traineries et vous déciderez de faire place nette pour un renouveau.

JEEP : Vous avez des ambitions latentes qui finiront par trouver le chemin pour s'exprimer au grand jour. Vous avez le potentiel pour trouver votre voie.

JET : Vous réussirez à réaliser un rêve qui vous tient à cœur.

JEÛNE : Vous cherchez à expier une faute. Est-ce vraiment nécessaire de souffrir pour se pardonner à soi-même?

JOKER : Vous cherchez à vous libérer d'une entrave, soit au travail soit à la maison.

JONGLEUR : Vous commettrez une imprudence qui risque de vous placer dans situation délicate.

JOUET : Vous pourriez être manipulé par une personne qui n'a pas beaucoup de scrupule et qui cherchera à vous déposséder de vos mérites.

JOURNAL : Vous apprendrez une nouvelle inattendue concernant un événement ou une personne pas très proche de vous.

JUMELLE : Regarder avec des jumelles indique que vous ne vous arrêterez pas aux explications que l'on vous donnera à propos d'une événement qui vous concerne.

K

KALÉIDOSCOPE : Dans les semaines qui viennent, les événements se succèderont à un rythme infernal. Vous aurez l'impression de ne plus avoir de contrôle sur le temps. Ne vous découragez pas, tout cela arrivera dans un but bien précis.

KANGOUROU : Ne cherchez pas à vous défiler devant des responsabilités qui vous incombent.

KAYAK : Une occasion intéressante se présentera à vous et vous fera voir du pays.

KÉROSÈNE : Une situation déjà difficile risque de s'envenimer à tout moment et de vous empoisonner la vie.

KETCHUP : On vous fera une mise en scène des plus réussies pour vous faire une surprise amicale.

KIBBOUTZ : Vous souffrez de solitude et vous rechercherez de la compagnie.

KIDNAPPING : Méfiez-vous d'un étranger qui pourrait se présenter à vous de la part d'une connaissance de longue date et en profiter pour vous escroquer.

KILT : Un ou une étrangère vous impressionnera et vous vous lierez d'amitié.

KIWI : Une nouvelle vous laissera amer. Cependant, le temps ramènera la joie dans

L

LABYRINTHE : Chercher son chemin dans un labyrinthe signifie que vous serez à la recherche de vous-même, de votre destin. Vous vivrez une période où vous trouverez tout ennuyant et vous vous demanderez où est votre place.

Si vous rêvez que vous trouvez votre chemin pour sortir du labyrinthe, c'est que vous découvrirez votre voie. Ce qui vous semblait flou se précisera.

LAC : Si les eaux du lac sont envahies par des algues, vous piétinerez encore quelque temps avant qu'une situation problématique ne se résolve.

Si vous naviguez calmement sur un lac, vous avez toutes les raisons de vous détendre, car les conflits et les tensions sont choses du passé.

Si vous nagez dans les eaux d'un lac, vous aurez à travaillez fort pour quelque temps avant-d'arriver à vos fins.

LAMPE : Voir une lampe allumée est souvent synonyme d'un esprit fort et intense qui est une véritable source d'idées nouvelles et géniales.

Si la lumière de la lampe est plutôt faible ou même éteinte, des personnes de votre entourage immédiat pourraient prendre un certain plaisir à vous faire ombrage.

LAPIN : Voir un lapin manger paisiblement est signe que vous avez une bonne étoile qui veille sur vous.

Voir plusieurs lapins veut dire que la famille s'agrandira. Des naissances sont à prévoir dans les prochaines années.

Chasser un lapin est plutôt un présage de malheur ou est un signe de stérilité.

LARMES : Voir quelqu'un pleurer indique que vous serez témoin d'un accident ou d'un drame qui causera des blessures ou la mort.

Pleurer en rêve signifie des chagrins à venir ou de la maladie.

LÉGUMES : Si vous rêvez que vous regardez ou mangez des légumes, c'est que votre santé est bonne, mais vous devriez prendre un peu plus soin de votre alimentation pour la conserver.

Si vous rêvez que quelqu'un mange des légumes, vous serez influencé dans la prise d'une décision importante par une personne qui possède un bon jugement.

LÉOPARD : On essaiera de vous faire peur au sujet d'une relation amoureuse ou profession-nelle que vous souhaiteriez voire changer. N'écoutez pas tous ceux qui rugissent.

LETTRE : Recevoir une lettre, ce sont des nou-velles de l'étranger qui vous parviendront bientôt.

Écrire une lettre signifie que vous aimeriez vous confier, mais que vous n'osez pas toujours. Vous avez peur de déranger et vous vous retenez.

LIBELLULE : Vous n'arrivez pas à prendre de décision bien que le temps ne joue pas en votre faveur. Fiez-vous à votre intuition.

LIERRE : Vous vous accrochez à ceux qui vous semblent plus solides. Petit à petit, essayez de voir les choses de façon autonome, sans vous laisser influencer par l'avis de ceux que vous estimez faussement plus éclairés que vous.

LILAS : Que de belles choses vous attendent! Vous attirerez les bonnes choses comme le printemps accueille les oiseaux.

LION : S'il est calme, vous serez en contact avec une personne qui pourrait vous aider énormément.

S'il rugit et semble agressif, vous aurez à faire face à une connaissance qui vous prendra en grippe, au travail ou dans votre vie personnelle. Ne vous laissez pas prendre au piège du prédateur et réagissez avec calme et dignité.

LIT : Être couché dans un lit signifie que vous serez forcé de vous reposer afin de refaire vos énergies.

Si vous voyez un lit défait, des troubles amoureux sont à prévoir.

Si le lit est fait, vous connaîtrez une période de chasteté. Rien de mal à cela.

LIVRE : Si vous lisez un livre, vous deviendrez le confident d'une personne qui vous estime beaucoup.

Si vous voyez un livre fermé, regardez bien autour de vous, quelqu'un a besoin d'aide et n'ose pas le dire ouvertement. Vous pourriez être d'un grand secours pour cette personne.

LOCK-OUT : Être en lock-out signifie que vous connaîtrez des difficultés à vous entendre avec une personne représentant l'autorité. Cela peut se produire au travail ou dans votre famille. Il s'agira de difficultés passagères si vous réussissez à trouver un terrain d'entente, sinon la situation pourrait se dégrader très rapidement.

LOCOMOTIVE : Utilisez vos énergies avec intelligence. Si vous vous dépensez trop vite, vous risquez de ne pas aller au bout d'une réalisation importante. Vous avez souvent tendance à surestimer vos réserves.

LONGUE-VUE : Vous cherchez souvent au mauvais endroit une explication différente de celle que l'on vous donne au sujet d'événements qui vous touchent de près. Ayez plus de confiance envers vos proches.

LOUP : Rêver à un loup est souvent un présage de lutte de pouvoir au travail ou à la maison, sauf si vous combattez avec succès un loup en l'attaquant ou en le faisant fuir. À ce moment, vous vaincrez une personne qui vous veut du tort.

LUCARNE : Si on vous regarde à partir d'une lucarne, on vous snobera sans raison apparente.

Si vous êtes vous-même à une lucarne, il serait plus adéquat de demeurer en retrait d'une dispute.

LUNCH : Une période d'intense activité vous laissera cependant sur votre faim quant à la valeur réelle des retombées pour vous.

LUNE : Ce symbole est lié aux amours.
Pleine lune : amour sincère.
Nouvelle lune : abstinence et chasteté.
Demi-lune : amourette.
Quartier de lune : amour douloureux.
Coucher du lune : divorce.

LUNETTES : Vous auriez intérêt à demander conseil auprès d'une personne connue pour la qualité de son jugement, car votre esprit est un peu troublé présentement.

LUTRIN : Vous aurez à prendre la parole devant plusieurs personnes et cela vous angoissera quelque peu.

LUXE : Vous pourriez passer à côté de l'essentiel si vous prêtez autant d'importance au confort et à l'acquisition de biens matériels.

M

MACHINERIE : Si tout fonctionne bien dans votre rêve, vous comprendrez parfaitement l'ensemble d'une question qui vous paraît tout à fait nébuleuse pour l'instant.

Si la machinerie de votre rêve est en mauvais état, vous ne réussirez pas à éclaircir un problème. Risque d'échec dans une entreprise, un examen, une entrevue, à moins de vous préparer mieux que vous ne le faites normalement.

MÂCHOIRE : Vous attendez des explications concernant le comportement d'un proche ou d'un collègue. Vous devriez prendre les devants. Vous éviterez des pertes de temps et d'énergie en parlant avec la personne concernée.

MAÇON : Vous serez en mesure de réaliser un rêve qui vous tient à cœur. Par contre, il vous faudra travailler plus fort que vous ne l'aviez prévu. Cette réalisation devrait être aussi profitable pour d'autres personnes.

MADONE : Vous aurez une très belle surprise dont vous ne vous douterez absolument pas. De plus, une âme bienveillante veille sur vous.

MAELSTRÖM : Un problème d'envergure vous guette.

MAGASIN : Si vous sortez d'un magasin les bras pleins, vous aurez une belle surprise.

Si vous tournez en rond dans un magasin, attention aux dépenses qui pourraient dépasser votre budget.

MAGAZINE : En lire équivaut à chercher un nouveau style de vie.

MAGE : Vous avez probablement eu la visite d'une âme supérieure durant votre sommeil. Tentez de vous rappeler le plus possible les détails de ce rêve. Il comporte certainement des signes et des messages révélateurs qui peuvent être des réponses à vos questions.

MAGICIEN : Vous rencontrerez une personne dont le charme et le sourire vous ébouiront.

MAINS : S'il s'agit de mains gantées, vous serez plongé dans une situation qui exigera de la diplomatie.

Si les mains sont agiles, vous serez en mesure de transformer quelque chose ou quelqu'un, de le rendre meilleur.

Si les mains sont agressives, vous devrez lutter contre une menace. Il peut s'agir de lutte de pouvoir, de querelle, de congédiement, d'une agression, etc.

S'il y a une poignée de mains, vous serez en mesure de vous entendre avec une personne avec laquelle vous ne vous sentez pas beaucoup d'affinités.

MAIRIE : Si vous entrez à la mairie, vous recevrez une nouvelle agréable de la part d'une administration publique.

Si vous regardez de l'extérieur, vous aurez quelques problèmes avec des démarches administratives.

MAISON : Construire une maison indique que vous êtes sur une voie intéressante qui vous permettra probablement d'assurer votre avenir ou celui de personnes proches de vous.

Être bien dans une maison signifie que vous aurez probablement une retraite confortable.

Si l'atmosphère est tendue, des moments difficiles sont à venir.

MAISONNETTE : Une naissance est à prévoir dans votre entourage immédiat.

MALLE : Vous ferez un voyage.

MAMELLE : Attention aux malentendus si vous ne voulez pas vous priver d'une source de revenus ou d'avantages.

MANIFESTATION : Vous serez bientôt inquiété par certaines personnes qui diront pourtant vouloir votre bien.

MANTEAU : Votre situation matérielle s'améliorera de façon proportionnelle à la qualité du manteau de votre rêve.

Manteau de fourrure : gain possible à la loterie.

Manteau sport : augmentation de salaire et de responsabilité pour vous ou pour un proche.

Manteau d'automne en laine : héritage probable.

MARÉCAGE : Vous serez embourbé dans les
tâches à la maison ou au bureau, ou encore aux
deux endroits.

MARIAGE : Si vous vous mariez en rêve, vous
aurez bientôt la chance de faire une rencontre
importante qui aura des répercussions sur votre
avenir.

Si vous assistez à un mariage, vous serez invité
à un événement important et heureux.

MARIONNETTE : On tentera de vous manipuler. Soyez vigilant.

Si vous faites bouger des marionnettes, vous
avez une tendance à manipuler les gens. Un examen de conscience vous serait profitable.

MARTEAU : Se servir d'un marteau indique que
le travail ne manquera pas à court terme pour
vous.

Voir un marteau rangé, signifie que vous
changerez probablement de travail dans l'année
qui vient.

MÉDAILLE : Vous aurez droit à la reconnais-sance d'une personne qui ne vous appréciait pas auparavant.

Si vous perdez une médaille, vous pourriez commettre une bévue qui aura des conséquences.

MÉDUSE : Si vous êtes touché par une méduse, c'est que votre réputation sera légèrement entachée par des propos mensongers dont les auteurs seront vite démasqués.

MENOTTES : Vous éprouverez de la honte à cause d'une action dont vous n'êtes pas vraiment fier et qui remonte à quelques années.

MÉSANGE : Voir une mésange fera votre bon-heur.

MÉTÉORITE : Tout comme une étoile filante, une météorite qui passe dans le ciel est vue comme un bon présage. Un souhait qui vous est cher se réalisera bientôt.

MÉTRO : Prendre le métro et être à l'étroit au milieu d'une foule signifie que certaines ambi-tions ne seront pas comblées à court terme.

Prendre le métro avec calme et sérénité veut dire que les obstacles que vous redoutiez dans l'atteinte de vos objectifs seront beaucoup moins importants que ce à quoi vous vous attendiez.

Rater une rame de métro, votre timing n'est pas très bon et vous devrez attendre une prochaine occasion.

MEURTRE : Si vous en êtes la victime, quelques personnes près de vous risquent de devenir agressives à votre endroit.

Si vous voyez un meurtre se produire, vous serez témoin d'un événement tragique qui ne vous touchera pas directement mais qui risque de vous marquer tout de même.

MIAULEMENT : En entendre indique que vous serez courtisé.

En imiter signifie que vous serez prêt à faire bien des choses pour obtenir ce que vous désirez.

MICROSCOPE : Attention aux détails qui pourraient vous échapper lors d'une signature de contrat ou d'entente.

MIEL : En manger signifie que votre santé est excellente et que vous vivrez très longtemps.

Si vous souffrez d'une maladie, c'est que votre santé s'améliorera et que vous pourrez probablement vivre normalement à nouveau.

MIETTES : Si vous ramasser des miettes, vous ne voudrez manquer de rien et ce sentiment peut vous pousser à vous épuiser.

Si vous regardez tomber des miettes, vous comprendrez que de tout avoir ne vous rendra pas plus heureux.

MILITAIRE : Méfiez-vous de ceux qui voudront vous enroler dans la promotion d'idées un peu dépassées.

MILLEFEUILLE : Vous serez assiégé par des envies que vous ne pouvez pas vous permettre sans encourir des problèmes.

MILLE-PATTES : Vous serez amené à courir dans plusieurs directions à la fois. Vous vous éparpillerez si vous ne vous organisez pas à l'avance.

MILLIONNAIRE : En être un soi-même signifie que vous avez de bonnes chances d'avancement au travail ou de reconnaissance dans votre vie privée.

En voir indique que vous serez en contact avec des gens aux responsabilités importantes.

MIMIQUE : On essaiera de vous faire comprendre quelque chose sans vous en parler directement.

Si vous faites vous-même des mimiques, vous devrez utiliser différents moyens pour dénoncer une situation qui vous est préjudiciable.

MINE : Attention, ne vous laissez pas ensevelir sous le travail.

MINIJUPE : Si vous êtes une femme et que vous en portez une, vous chercherez à attirer l'attention d'un homme, pas nécessairement dans un but amoureux.

Si vous êtes un homme et que vous en voyez une, vous ne serez pas insensible aux charmes féminins. Méfiez-vous toutefois si vous êtes déjà engagé.

MINISTRE : Si vous rencontrez un ministre, vous aurez à débattre d'un point important. Préparez-vous bien, car la partie n'est pas gagnée d'avance.

Si vous êtes un ministre, tout indique que vous aurez de lourdes responsabilités.

MIRACLE : Événement très important et probablement extraordinaire en vue dans un avenir rapproché.

MIRAGE : Consultez un spécialiste de la vue, vous connaîtrez quelques problèmes avec vos yeux.

MIROIR : Voir un miroir en rêve ne présage pas de bons moments, à moins qu'il ne soit d'apparence très sobre et bien suspendu à un mur. À ce moment, il signifie la clairvoyance et un instinct très aiguisé.

Si le miroir est cassé, les malheurs vous suivront longtemps.

Si le miroir est dans un cadre doré ou argenté, on cherchera à vous tromper en vous en mettant plein la vue.

MISOGYNE : Si vous êtes une femme et que vous rêvez à un misogyne, vous vous querellerez avec un homme.

Si vous êtes un homme, vous agirez avec de la condescendance envers une femme de votre entourage ou avec une collègue. Essayez de prévenir les mauvais retours de votre comportement, car vous n'aurez pas le beau rôle.

MITAINES : Mettre des mitaines de laine indique que vous vivrez durement une mésentente avec un membre de votre famille.

Enlever des mitaines veut dire que vous trouverez un moyen pour vous rapprocher d'une personne qui vous plaît beaucoup et qui semble vous apprécier de la même façon.

MITRAILLETTE : Un gros conflit est en vue à court terme.

MOBYLETTE : De petits déplacements sont à prévoir. Harmonisez-les avec vos obligations familiales et professionnelles.

MOCASSIN : Vous aurez envie de vivre sans attaches. Si c'est possible, tant mieux pour vous.

Si, par contre, des gens dépendent de vous, réfléchissez-y bien.

MOHAIR : Vous rêvez de douceur et de confort. Vous les obtiendrez.

MOINE : Vous connaîtrez une période propice au ressourcement et à la réflexion. Si vous avez la chance de le faire, prenez quelques jours de vacances et éloignez-vous du bruit et de l'activité. Ce pourrait être bénéfique pour mieux revenir.

MOINEAU : Vous serez très tenace. On ne vous fera pas lâcher prise facilement. À vous de juger si le jeu en vaut la chandelle.

MOISSON : Vous ressentirez une envie forte d'aider vos proches. Succombez à la tentation, il ne pourra qu'en ressortir du bien.

MOLLUSQUE : Attention à votre système digestif.

MOMIE : Vous craignez tant les ennuis que vous en imaginez constamment. Cessez de freiner vos ardeurs et vos ambitions par crainte de ne pas réussir. Lancez-vous!

MONTAGNE : La signification de ce symbole dépendra beaucoup de l'ambiance générale de votre rêve.

Monter ou escalader une montagne sans difficulté signifie que votre avenir à court et à moyen terme sera agréable et libre d'embûches.

Gravir une montagne avec difficulté veut plutôt dire que vous vivrez des problèmes plus ou moins sérieux mais que vous réussirez à vous en sortir.

Si l'ascension est plus que difficile ou encore que vous chutez, attendez-vous à des problèmes majeurs et à des embûches qui pourront avoir l'effet de vous décourager et de vous faire renoncer à des projets qui vous tenaient à cœur.

MONTRE : Regarder l'heure indique que vous aurez un horaire chargé et que vous vivrez un peu d'anxiété.

Perdre une montre signifie que vous serez véritablement débordé par la somme des tâches qui sont sous votre responsabilité. Ce peut être au travail ou à la maison.

MOSQUÉE : Vous êtes ou serez attiré par la spiritualité, plus particulièrement par certaines formes méconnues de rapprochement avec le divin. Ne vous laissez toutefois pas influencer par tout ce que vous entendrez. Faites vos propres expériences de façon objective.

MOTO : Conduire une moto présage d'une période à venir où vous aurez besoin d'évasion.

Être victime d'un accident de moto veut dire que vous manquez de prudence dans certaines démarches qui peuvent s'avérer périlleuses. Faire preuve de prudence est plus sage que de démontrer de la témérité.

MOUETTE : Vous aurez des nouvelles d'une personne qui vit à l'étranger.

MOULIN : Tel Don Quichotte, vous aurez tendance à combattre des chimères. Contrôlez votre imagination et vous aurez plus de contrôle sur la réalité. Votre entourage s'en trouvera soulagé.

MOUSTACHE (BARBE) : Si vous êtes une femme et que vous rêvez que vous portez une moustache, vous pourriez avoir des propositions tout à fait inattendues qui vous causeront un certain trouble et qui vous déstabiliseront.

Si vous êtes un homme et que vous ne portez pas de moustache dans la réalité, vous transformerez légèrement les apparences pour votre profit personnel.

MOUSTIQUES : Si vous êtes exaspéré par des moustiques qui tournent autour de vous, cela indique que vous serez très contrarié à propos de choses ayant finalement peu d'importance.

MOUTON : Cet animal ne fait guère de mal à personne, il s'agit donc d'un bon présage. Des événements heureux sont à venir d'ici peu.

Par contre, si le mouton est de couleur foncée, méfiez-vous des gens qui semblent trop dociles et qui pourraient vous nuire tout en restant dans l'ombre.

MUGUET : Santé et prospérité sont au rendez-vous, mais si vous ne faites pas attention, ce pourrait être de courte durée.

MUR : Voilà un symbole difficile à interpréter, car sa signification peu varier complètement pour de petits détails. Pour bien l'analyser, lisez les définitions qui suivent tout en les modulant avec l'ambiance générale de votre songe.

Si le mur est en bon état et qu'il ne vous barre pas la route, vos projets seront couronnés de succès.

Si des dégâts sont apparents, des ennuis légers mais contrariants sont à prévoir.

Si le mur vous empêche de progresser et qu'il est en bon état, ne vous entêtez pas à poursuivre dans une direction dont vous n'êtes pas certain de la valeur.

Si le mur est démoli, vous aurez à convaincre des opposants, mais avec détermination vous y parviendrez.

Si le mur est en construction au travers de votre route, des gens influents s'apprêtent à vous barrer la route de façon systématique, mais de façon honnête et au grand jour. Sans fourberies.

MURMURES : Si vous en entendez et qu'ils sont doux à vos oreilles, vous étiez probablement en contact avec des êtres supérieurs qui sont venus vous conseiller pendant votre sommeil. Il serait important que vous vous rappeliez du sens des propos entendus.

Si vous vous éveillez avec une impression désagréable, vous aurez à subir des médisances à votre sujet.

MUSE : Si vous êtes la muse d'une autre personne, vous serez approché par quelqu'un de particulier qui vous fera une proposition imprévue et hors de l'ordinaire.

Si vous avez une muse, vous pourriez être tenté par une aventure avec une personne qui vous fascinera.

Dans les deux cas, la prudence est de rigueur, surtout si vous vivez en couple, et encore plus si vous avez des enfants.

MUSÉE : Si vous en visitez un, vous ferez une enquête sur une personne qui vous plaît et qui vous intrigue en même temps.

Si vous regardez un musée de l'extérieur, une expérience vous attirera, mais vous n'oserez pas, par crainte de vous mesurer à des personnes que vous jugez, à tort, supérieures à vous.

MUSIQUE : Si celle que vous avez entendue était conforme à vos goûts musicaux, tout ira bien et des moments paisibles seront au rendez-vous.

S'il s'agissait d'une musique désagréable, vous serez bientôt envahi par des gens indésirables et peu respectueux de vos besoins.

MUSTANG : Vous avez besoin de plus de liberté de mouvement et de pensée.

MUTINERIE : On complotera contre vous ou contre une personne que vous connaissez

N

NABAB : Une personne que vous connaissez pourrait faire fortune.

NAIN : Si vous êtes un nain, vous vous sous-estimez de façon presque caricaturale. Levez la tête et reprenez courage.

Si vous voyez un nain, vous avez tendance à regarder les gens de haut. Vous auriez tout intérêt à corriger ce comportement pour ne pas éloigner les autres et vous retrouver seul.

NAPPE : Une belle nappe bien mise indique l'harmonie avec votre entourage, même si de petits conflits peuvent survenir à l'occasion.

Si elle est tachée et pleine de plis, vous serez pris à partie dans une querelle impliquant deux personnes qui vous sont chères.

NARINES : Avoir mal aux narines indique que vous pourriez développer une difficulté à respirer. Si vous êtes fumeur, il peut s'agir d'un avertissement.

Voir des narines pourrait vous indiquer que des personnes s'immisceront dans votre vie privée et essayeront de vous nuire.

NATURE MORTE : En regarder une veut dire que vous serez enclin à la contemplation.

En peindre une signifie plutôt que vous serez très créatif dans les prochains mois.

NAVETTE : Vous conviendrez d'un échange de bons procédés entre amis et tout ira pour le mieux.

NAUFRAGE : Ce symbole se passe de grandes explications, mais on ne saurait vous mettre trop en garde contre des dangers qui vous guettent. Ouvrez grand les yeux et vous pourrez peut-être vous en tirez sans trop de dommage.

NAVET : La vie n'est pas toujours généreuse envers vous. Cela vous semble injuste, mais vous devriez faire l'inventaire de vos qualités et de vos points forts. Vous vous rendriez compte que vous vous plaignez peut-être un peu trop pour rien. Vous aussi vous pouvez accéder au bonheur et à une vie plus facile. Vous avez tout ce qu'il faut.

NAZI : Voir un ou des nazis en rêve signifie que vous serez angoissé par la visite d'un personnage autoritaire qui agit généralement de mauvaise foi.

Être un nazi indique que vous êtes vraiment trop autoritaire envers votre entourage et qu'il en souffre sans vous le dire.

NÉANT : Vous aimeriez avoir plus de perspectives quant à votre avenir.

NECTARINE : Bonheur à l'horizon.

NÉGLIGENCE : Vous craindrez de manquer de confiance en vous lors d'une situation exceptionnelle.

NÉGRIER : Si vous voyez un négrier, vous serez pris à parti par un supérieur quelque peu malveillant.

Si vous êtes un négrier, vous constaterez que certaines personnes ne vous portent pas dans leur cœur pour des raisons qui peuvent vous être inconnues.

NEIGE : Vous aurez plus de temps pour pratiquer des loisirs auxquels vous n'aviez pas songé.

NÉNUPHAR : Assurez-vous que l'objet de votre convoitise est bien celui que vous pensez.

NÉVROSE : Si vous souffrez de névrose en rêve, vous serez sujet à faire de l'angoisse.

NICHE : Vous ne vous sentez pas à l'aise lorsqu'il s'agit de demander ce que vous désirez.
Si vous êtes dans la niche, vous vous soumettez un peu trop facilement.

NIMBUS : Vous aurez une attitude qui vous attirera des ennuis. Soyez attentif à vos réactions lorsque vous vous sentez jugé. Faites preuve d'humilité.

NIRVANA : Vous reviendrez de loin lorsque la chance sera de retour dans votre vie.

NOBLESSE : Des personnes de votre entourage vous paraîtront bien superficielles et sans émotions.

Si vous faites partie de cette noblesse, vous risquez de devenir vous aussi d'une moralité bien légère.

NŒUD : Faire un nœud indique que vous ne ferez pas les bons choix. Soyez donc plus réfléchi.

Voir un nœud indique que vous n'aurez pas de marge de manœuvre lorsqu'une dispute éclatera.

NOIX : Des démarches que vous entreprendrez vous feront tourner en rond pour finalement vous donner des résultats positifs.

NOMADE : Des changements dans votre vie amèneront de l'instabilité et des remises en question.

NOMBRIL : Vous aurez une envie très grande d'en connaître un peu plus sur les origines de votre famille.

NOTAIRE : On viendra vous demander de régler une situation problématique. On se fiera sur votre impartialité et sur votre bon jugement.

NOUILLE : Trop de gens se presseront pour vous aider. Ils risquent de vous nuire et de vous faire perdre du temps précieux.

NOURRICE : Une personne bien intentionnée vous offrira un présent qui vous surprendra.

NOURRITURE : En voir signifie que vous serez en admiration devant une personne que vous enviez.

En manger augure très bien pour l'avenir à condition que vous ne vous empiffriez pas.

NOYAU : Vous résisterez aux demandes insistantes auxquelles vous n'adhérez pas.

NUAGES : S'ils sont blancs, il n'y aura pas de difficultés avec vos projets.

Si les nuages sont gris, certaines difficultés vous contrarieront.

S'il pleut, des problèmes plus important mettront en péril l'atteinte de vos objectifs.

NUDITÉ : Si vous êtes nu, vous serez dans l'obligation d'avouer une faute ou une faiblesse.

Si quelqu'un d'autre est nu, vous pourriez vous rapprocher d'une personne très franche.

NUQUE : Protégez bien votre cou. Vous pourriez avoir des problèmes de santé liés au froid.

NYMPHOMANE : Pour les hommes comme pour les femmes, il pourrait s'agir de désirs trop longtemps refoulés qui risquent de refaire surface.

O

OASIS : Vous connaîtrez une période de tristesse qui sera suivie par une joie importante et par le soulagement d'une angoisse qui vous tenaillait.

OBÈSE : Si vous êtes obèse en rêve, vous devrez vous garder de trop prendre de responsabilités sur vos épaules, car vous vous doutez que vous ne pourrez en prendre autant que vous le souhaiteriez.

OBSERVATOIRE : Vous n'avez pas l'esprit complètement tranquille et vous craignez que l'on découvre votre tourment.

OBUS : Vous avez la manie de projeter sur les autres ce que vous n'aimez pas de vous-même. Essayez de corriger cela car vous ferez le vide autour de vous.

OCÉAN : Si vous rêvez que vous naviguer sur un océan, vous aurez l'impression d'être balloté, voire abandonné.

ODEUR : Si elle est agréable, vous serez en bonne compagnie dans les prochaines semaines. Si l'odeur est plutôt désagréable, on cherchera à vous éviter.

ŒILLET : Vous vivrez une période au cours de laquelle vous serez bien en vue. On vous sollicitera pour assister à de nombreux événements.

ŒUF : Productivité, créativité, harmonie, et peut-être procréation, seront vos mots d'ordre dans les prochaines semaines.

OIGNON : Quelque chose se trame sans que vous n'en soyez informé.

OLÉODUC : Méfiez-vous des rumeurs que vous ne pouvez vérifier.

OLIVE : Vous êtes sur le point de connaître une période de votre vie remplie de satisfaction.

OLIVIER : Paix et bonheur seront au rendez-vous à moyen terme.

OLYMPIADE : Vous recevrez ou vous serez reçu pour une grande fête.

ONGLE : Si vous les coupez ou les rongez, vous connaîtrez une période de deuil.

Si vous les soignez, vous aurez la main heureuse dans une transaction.

Si vous vous cassez un ongle, vous commettrez un geste malheureux qui entraînera une dispute sérieuse.

Si vous les voyez pousser, vous vivrez longtemps.

OPALE : Quelques malheurs seront sur votre chemin dans les prochaines années sans qu'il soit question de drames.

OPPRESSION : Vous vivrez avec certaines contraintes pour quelque temps.

OR : Attention de ne pas vous laisser aveugler par des chimères.

ORAGE : Évitez les disputes et les querelles, surtout celles qui impliquent des personnes agressives et potentiellement violentes.

ORANGE : Vous souhaitez faire un voyage à l'étranger pour refaire vos forces. De préférence dans un pays chaud et accueillant.

ORCHIDÉE : Vous rencontrerez une personne d'une grande beauté qui aura un rôle à jouer dans votre vie.

ORDRE : En recevoir équivaut à une prise de contrôle de votre environnement de travail ou familial par un nouveau venu ou par une personne qui revient après une absence.

Si vous donnez des ordres, vous reprendrez en main vos relations professionnelles ou familiales.

Si vous entrez dans un ordre (religieux ou professionnel), vous donnerez votre accord à un projet.

OREILLE : Vous serez particulièrement sensible à l'opinion d'autrui.

OREILLONS : Vous entendrez des paroles qui ne vous plairont pas du tout.

Si une autre personne souffre des oreillons, vous pourriez offenser quelqu'un avec des propos irréfléchis et peu flatteurs.

ORFÈVRE : Un travail qui demandera beau-coup de doigté vous sera réservé dans un avenir rapproché.

ORIGNAL : Vous avez besoin de grand air et de vivre un contact étroit avec la grande nature sauvage.

ORNIÈRE : Vous sentirez que l'on cherche volontairement à vous diriger sans tenir compte de vos besoins.

ORPHELIN : Vous trouverez un objet précieux que vous présumiez perdu. Ne succombez pas à la tentation de le garder.

ORTIE : Préparez-vous à surmonter des diffi-cultés assez importantes. Des gens essaieront de vous empêcher de réaliser un projet qui vous tient à cœur.

OSSEMENTS : Vous pourriez faire des décou-vertes importantes concernant une personne décédée.

OTAGE : Si vous êtes l'otage, on vous demandera des garanties concernant une promesse.

Si vous prenez quelqu'un en otage, vous serez très exigeant envers une personne qui a trompé votre confiance dans le passé.

Si vous êtes témoin d'une prise d'otage, vous désapprouverez le comportement d'une personne de votre entourage..

OUBLI : Soyez attentif aux demandes qui vous sont faites.

OURS : Une personne vous surprendra par sa force de caractère et par son aisance surprenante à s'adapter à plusieurs situations exigeantes.

OUTARDE : La nouvelle d'un départ vous attristera beaucoup plus que vous ne pensiez.

OUVRE-BOUTEILLE : Vous trouverez un moyen astucieux pour faire parler une personne dont le comportement vous inquiétait.

OVATION : Une démonstration d'affection vous surprendra énormément.

OVERDOSE : Ne sous-estimez pas les effets négatifs d'une situation qui vous demande beaucoup d'énergie.

OVNI : Si vous êtes à bord d'un ovni, vous nagerez en plein mystère.

Si vous en voyez un en rêve, des révélations vous seront faites vous permettant de comprendre une situation qui vous semblait pour le moins mystérieuse.

OVULATION : Si vous êtes une femme, vous rêvez d'avoir un enfant, ou encore vous vous inquiétez pour un de vos enfants qui connaît une période particulièrement difficile.

Si vous êtes un homme, la paternité vous angoisse, ou encore vous craignez qu'un de vos enfants n'ait un enfant trop rapidement ou dans un mauvais contexte.

OXYDATION : Attention à votre santé. Vous prenez présentement quelque chose à la légère et vous ne devriez pas.

P

PACHYDERME : On ne vous fera pas changer d'idée sans vous exposer des arguments très convaincants.

PACTE : Si vous vivez des conflits, vous auriez tout intérêt à trouver un terrain d'entente.

PAGAIE : Vous trouverez une solution à un problème.

PAÏEN : Vous portez des jugements rapides et tranchants sur des gens que vous connaissez à peine.

Si vous êtes vous-même un païen, vous avez tendance à certains moments à avoir des jugements intempestifs et à jeter le bébé avec l'eau du bain.

PAILLASSE : Attention aux tentations. Les infidélités ne sont jamais une solution aux conflits. Si vous êtes célibataire, toutes les occasions d'aventure qui se présentent ne sont pas nécessairement souhaitables.

PAILLASSON : Vous êtes bonasse. Des gens en profiteront si vous persistez.

PAILLE : Si vous accumulez trop de biens matériels, vous risquez de perdre beaucoup.

PAILLETTE : Attention aux tromperies.

PAIN : Manger du pain en rêve signifie que vous serez plus souvent qu'autrement en harmonie avec votre destinée.

Manquer de pain indique que vous n'êtes pas nécessairement à votre place.

Voir du pain et ne pas en manger veut dire que vous manquerez de timing pour bénéficier des faveurs que le destin place sur votre chemin.

PALISSADE : De petits ennuis vous toucheront de façon indirecte.

PALME : Si vous portez des palmes, vous vous sortirez avec facilité d'une petite querelle avec un membre de votre famille ou avec un collègue.

Si vous voyez des palmes sur le sol, une idée vous sera exposée et vous aidera à épargner vos énergies.

PALMIER : Vous serez attiré par le côté exotique d'une proposition.

PAMPHLET : Une personne dira des faussetés sur votre compte.

PAMPLEMOUSSE : Une bonne nouvelle concernant des retrouvailles vous réjouira.

PANCARTE : On essaie avec grand peine de vous faire comprendre un message. Soyez attentif aux signes que vous percevrez.

PANDA : Vous serez charmé par une personne qui est pourtant à l'opposé de ce que vous valorisez.

PANIER : S'il est plein, vous ne manquerez pas d'affection dans l'avenir.

S'il est vide, vous pourriez vivre des frustrations du côté des sentiments.

PANORAMA : Vous obtiendrez des éclaircissements sur une question, ce qui vous permettra
d'avoir une vue d'ensemble.

PANSEMENT : Vous pourriez souffrir d'hypo-
condrie. Autrement dit, vous pourriez avoir
tendance à vous imaginer que vous souffrez de
maladies diverses ou à empirer celles que vous
avez réellement.

PANTALON : On vous demandera de prendre
beaucoup de responsabilités sur vos épaules.
Même si vous acceptez, vous savez très bien que
vous ne pouvez pas tout supporter.

PANTIN : Réfléchissez bien à ce que vous
désirez, car on essaie de vous faire croire à des
chimères.

PANTOUFLE : Actuellement, votre style de vie
ne laisse pas beaucoup de place au confort et à
la relaxation. Cela vous manque.

PAPE : Si vous apercevez le pape, vous ferez
bientôt la rencontre d'une personnalité importante.

Si vous incarnez le pape, vous serez perçu comme une personne de très bon conseil.

Si le pape vous adresse la parole, vous bénéficierez vous-même de conseils judicieux que vous devriez écouter sagement.

PAPILLON : Par excès de légèreté, vous pourriez, sans vous en rendre compte, contrevenir à des conventions.

PAPYRUS : Parmi vos lectures, vous trouverez une phrase qui s'adressera à vous pour vous faire comprendre un élément de votre vie dont la signification vous échappait jusqu'à présent.

PARACHUTE : Vous pourriez commettre un impair, mais un événement imprévu viendra réchapper votre bévue.

PARADIS : La chance sera bientôt de retour dans votre vie.

PARALYSIE : Si vous voyez quelqu'un souffrir de paralysie, un problème de santé pourrait affecter un proche.

Si vous souffrez de paralysie, c'est votre santé qui sera fragilisée.

Si quelqu'un ou vous même sortez d'une paralysie, la santé redevient bonne.

PARAPLUIE : Vous éviterez de justesse un accident ou les conséquences d'un problème.

Si votre parapluie est brisé, demandez sans tarder l'aide d'une personne de bon conseil si quelque chose vous tracasse plus qu'à l'ordinaire.

PARAVENT : On essaie de vous dissimuler quelque chose d'anodin.

PARCHEMIN : Vous aurez à signer un document important. Prenez bien soin de le lire attentivement avant de vous engager à quoi que ce soit.

PARE-BRISE : Vous réussirez à déjouer une manœuvre pas trop habile.

PARENT : Si vous rêvez que vous êtes un parent, vous deviendrez un modèle positif pour une personne qui a besoin d'être guidée.

PARENTÉ : Si vous voyez des membres de votre parenté en rêve, vous aurez des nouvelles de proches dont vous n'entendez pas souvent parler et que vous appréciez pourtant beaucoup.

PARFUM : Vous aimeriez donner une image parfaite de vous-même.

PARI : Une situation dont les enjeux sont incertains vous préoccupera pendant un certain temps.

PARTOUZE : Vous serez totalement désorganisé et vous aurez tendance à ne pas vous en faire. Vous devrez pourtant vivre avec les conséquences de vos gestes.

PARKA : Vous ferez une acquisition qui vous satisfera pleinement.

PASSAGE : Être dans un passage indique que vous êtes sur le point de progresser dans un cheminement.

Ne pas s'engager dans un passage signifie que vous êtes habité par une peur que vous n'arrivez pas à raisonner tout en étant conscient de son inutilité.

PASSE-MONTAGNE : Assurez-vous bien de la légitimité d'une réclamation ou d'une poursuite que vous initierez bientôt ou que vous venez juste de déposer.

PASSEPORT : Si vous êtes en possession d'un passeport, vous avez en main de bons atouts pour réussir ce que vous entreprenez.

Si vous vous faites dérober votre passeport, des ennuis vous ralentiront dans la réalisation de certains objectifs.

PASSERELLE : On vous offrira de l'aide que vous considérerez futile. Avant de refuser, réfléchissez bien.

PASSOIRE : Sans le faire intentionnellement, des gens vous trahiront.

PATRIOTISME : Si vous rêvez à une manifestation patriotique, vous aurez à défendre les intérêts d'une personne que vous estimez.

PÂTURAGES : S'ils sont abondants et généreux, vous ne manquerez pas de l'essentiel.

Si les pâturages sont secs, vous devriez réfléchir à votre façon de gérer vos finances et de planifier votre retraite. Votre budget risque de devenir déficitaire si ce n'est déjà le cas.

Si le pâturage est inondé, vous aurez de la difficulté à gérer votre temps.

PÉDALO : Vous serez en bonne compagnie pour vous divertir.

PÉDIATRE : La santé d'un enfant vous préoccupe.

PEIGNE : On cherchera à vous faire un mauvais parti pour un geste que vous n'avez pas commis avec une mauvaise intention.

PEIGNOIR : Vous rêvez d'un moment de détente psychologique.

PELLE : De gros travaux seront à exécuter sans tarder.

PELLICULES : Si vous avez des pellicules en rêve, des tracas deviendront de plus en plus prenants et vous ne pourrez plus cacher vos craintes.

PENDAISON : On trouvera le coupable qui vous aura causé du tort.

PENDERIE : Vous retracerez un objet que vous aviez mis en sécurité, mais que vous n'arriviez plus à retrouver.

PENDULE : Une personne dont vous vous inquiétez retrouvera un comportement plus sain.

PÉNÉTRATION : Entre homme et femme, vous souhaiteriez un rapprochement.
Entre hommes (si vous n'êtes pas homosexuel), vous êtes obsédé par une pensée qui vous déplaît.

PENSE-BÊTE : Vous aurez de l'aide dans l'exécution d'une tâche qui vous angoisse.

PENSIONNAT : Vous serez tellement accaparé par une tâche que vous ne verrez pas le temps passer.

PÉPIN : Vous éprouverez quelques ennuis pour lesquels la solution ne sera pas évidente.

PERCHOIR : Si vous êtes sur un perchoir, vous snoberez certaines personnes de votre entourage.

Si vous êtes sous un perchoir, on vous sousestimera.

PERDRIX : Vous aurez bientôt une occasion de changer pour le mieux votre situation financière.

PERGOLA : Vous devrez prendre du temps bien à vous pour méditer sur quelques questions importantes.

PERLE : Vous recevrez un cadeau tout à fait inattendu.

PERQUISITION : Vous serez victime d'indiscrétions qui vous feront perdre quelque chose.

PERROQUET : Vous risquez de répéter les même erreurs que vous avez déjà commises et qui vous ont pourtant coûté assez cher.

PERRUQUE : Des gens pourraient se moquer de certaines habitudes qu'ils jugent risibles. Ne vous en formalisez pas, il n'y a rien de bien méchant dans leurs intentions.

PÉTALE : De belles nouvelles vous réjouieront et vous feront espérer des moments de tendresse.

PÉTARD : On vous en mettra plein la vue. À vous de bien juger des véritables capacités de ceux qui vous entourent.

PÉTITION : Vous avez plusieurs admirateurs qui vous préparent une surprise.

PEUPLIER : Vous sentez monter en vous une attirance pour un séjour à la campagne.

PHARMACIEN : Vous aurez besoin d'être rassuré sur le bon état de votre santé.

PHOQUE : Surveillez vos voies respiratoires.

PIANO : Votre engagement et votre volonté seront mis à l'épreuve lors d'une compétition.

PICKPOCKET : Vous serez victime d'une personne au comportement douteux qui pourrait partir avec ce qui vous appartient (au sens large).

PIEDS PLATS : Si vous avez les pieds plats, vous craignez de ne pas pouvoir suivre le rythme qu'on vous impose.

PIÉTON : Vous suivrez bien sagement le chemin que l'on vous montre.

Si vous ne marchez pas sur un trottoir, vous pourriez subtilement faire à votre guise.

PIGEON : Attention aux escroqueries.
PIRANHA : Il serait important que vous ne sortiez pas trop durant les prochains jours. Si vous le faites, méfiez-vous des chiens.

PLAGE : Vous avez besoin d'un espace pour retrouver votre sens des valeurs. Vous devriez songer à une petite remise en question dans votre façon de vous identifier aux biens matériels.

PLASTIQUE : Si vous voyez des objets en plastique, vous devrez faire attention à certaines personnes qui essaieront de vous faire un mauvais parti.

Si vous utilisez des objets en plastique, vous serez sollicité pour prendre part à des actions ou des conversations que vous jugerez futiles.

PLUMES : Si vous en avez sur vous, vous pourriez vivre un excès de légèreté sans grande conséquence cependant.

Si les plumes tombent d'un oiseau, il pourrait s'agir de prospérité à venir, par héritage ou par pure chance.

POIL : Si vous êtes couvert de poils, vous n'aurez rien à craindre pour votre santé.

Si vous voyez du poil, vous ne manquerez pas d'énergie.

Si vous voyez quelqu'un de poilu, on vous cherchera peut-être querelle.

POLICIER : Voir des policiers signifie généralement que vous avez la conscience tranquille.

Si vous êtes arrêté, vous pourriez avoir des ennuis que vous aurez vous-même provoqués.

Si vous appelez la police, vous vivrez des moments pénibles et vous chercherez l'aide d'une personne de confiance.

POMPIER : Si vous apercevez des pompiers passer, réfléchissez bien avant de faire des gestes qui pourraient avoir des conséquences graves.

Si les pompiers combattent un feu, des chagrins seront peut-être évités de justesse.

PORTE-MONNAIE : Si vous le perdez, des pertes financières sont à venir.

Si vous en trouvez un, la chance vous favorisera dans une démarche.

Si vous vous le faites voler, vous serez victime d'un escroc.

POULAILLER : Vous pourriez devenir le héros d'une situation loufoque, mais potentiellement dangereuse.

POUPÉE : Si un homme rêve à une poupée, il pourrait s'agir d'une aventure sexuelle compromettante.

Si une femme rêve à une poupée, elle a besoin de protection.

POUPONNIÈRE : Naissance dans votre entourage immédiat.

POURBOIRE : On vous récompensera de façon équitable pour une action ou une idée qu'on vous attribuera.

Si vous laissez le pourboire, vous démontrerez de la générosité envers un étranger.

POUSSIÈRE : Vous n'êtes pas porté sur le ménage dans votre maison ou dans vos pensées. Ça vous ferait pourtant le plus grand bien.

PRÊCHEUR : Si vous en entendez un, on vous fera la morale de façon cavalière.

Si vous en êtes un, vous aurez tendance à vous sentir supérieur, ce qui pourrait offusquer certaines personnes.

PRÊTRE : Si le prêtre est dans sa chaire, cela indique que vous avez tout intérêt à bien écouter les conseils que l'on vous donnera dans les prochains jours.

Si le prêtre célèbre une messe, vous serez convié à vous joindre à un événement qui aura une cause noble.

PRISON : Des changements dans votre milieu ne feront pas votre affaire et vous tenterez de vous y soustraire.

PROCÈS : Des jugements seront portés sur votre comportement. Vous avez des craintes qu'on pense à tort que vous avez fauté.

PROPHÉTIE : Vous aurez une idée très claire d'une situation qui cause des soucis à des proches.

PROSTITUÉE : Si vous voyez une prostituée faire le trottoir sans qu'elle ne vous aborde, vous serez témoin d'un comportement étrange de la part d'un étranger ou d'une connaissance.

Si vous êtes abordé, ou que vous abordez une prostituée, on vous conseille d'être prudent lorsque vous intégrez de nouvelles personnes dans votre entourage. Analysez bien les gens avant de les inclure parmi vos amis.

PYJAMA : Si vous êtes en pyjama, il serait bon de penser à des vacances.

Si vous voyez une autre personne en pyjama, c'est que l'on prend les choses sérieuses un peu à la légère autour de vous.

Q

QUAI : Vous sentirez le besoin de changer d'air. Vous pourriez même avoir le goût de tout envoyer en l'air.

QUARANTAINE : On vous mettra à l'écart à cause de votre comportement hostile. Vous pourriez éviter cela en vous rendant plus agréable.

QUATUOR : Soyez attentif à tout ce qui comporte le chiffre quatre, surtout lors de vos choix de chiffres à la loterie.

QUERELLE : Vous pourriez avoir besoin d'éclaircissements, peut-être avec votre conjoint, si la querelle implique un couple. S'il s'agit d'une querelle entre voisin, on pourrait médire sur vous. À ce moment, méfiez-vous de ne pas trop exprimer votre opinion en public.

QUESTION : Si on vous pose des questions, vous serez en demande pour vos conseils.

Si vous posez des questions, vous pourriez avoir besoin d'éclaircissements sur une situation qui vous gêne.

QUILLES : Si vous jouez aux quilles, vous aurez de bons atouts pour réaliser un projet.

Si vous observez des gens jouer aux quilles, vous pourriez être demandé en renfort pour aider un groupe.

R

RACINE : Si vous voyez des racines sortir du sol, cela pourrait signifier que vous avez besoin de vous recentrer un peu plus sur des valeurs rassurantes. Si vous êtes happé par des racines, vous pourriez plutôt vous sentir débordé par des responsabilités oppressantes.

RADEAU : Si vous êtes sur un radeau dans un rêve, vous devriez faire un peu plus d'efforts pour élargir votre cercle d'amis et avoir une vie sociale plus active.

Si vous construisez un radeau, c'est que vous vivrez une situation où vous aurez besoin de tous vos atouts pour vous en sortir. Saisissez toutes les offres d'aide que vous recevrez alors.

RAGOÛT : Si vous mangez un ragoût, vous serez appelé à rencontrer de nouvelles personnes soit pour votre travail ou par l'entremise d'amis. De belles choses pourraient émerger de ces rencontres.

Si vous renversez un ragoût, vous pourriez semez la zizanie par inadvertance. Si cela arrivait, soyez franc et avouez votre implication involontaire. La situation pourrait s'améliorer rapidement.

RAME : Si vous ramez dans votre rêve, vous pourriez avoir à travailler très fort et à user de persuasion pour convaincre un proche que vous ne complotez pas contre lui ou elle.

RÂPE : Dans les prochains jours, soyez plus prudent qu'à l'habitude. Un petit accident pourrait survenir.

RASOIR : On pourrait vous critiquer pour vos prises de décision sans consultation. Soyez plus conciliant et plus enclin à demander l'opinion des autres.

RAT : Voir des rats dans vos rêves peut signifier que des personnes pourraient profiter de vous sans scrupules. Plus les rats seront agressifs, plus le degrès de malhonnêteté de ces personnes sera grand et plus vous devrez vous méfier de leur présence.

RÉCOLTE : Si les récoltes sont bonnes et que l'ambiance du rêve est agréable, de bons moments sont à venir et vos efforts seront récompensés. Par contre, si le climat de votre rêve est mauvais et que la récolte est pauvre et difficile, attendez-vous à vivre une période dure.

RÉGIMENT : Voir un régiment en rêve veut généralement dire que votre expérience et votre savoir-faire seront requis au travail ou à la maison, par des personnes qui ont du respect pour vous.

REMÈDE : Prendre un remède peut généralement signifier que vous cherchez une façon d'améliorer votre sort.

RENARD : Voir un renard signifie que vous serez la cible de manigances pas très honnêtes de la part de gens en qui vous aviez confiance. Pour vous prémunir d'une telle situation, soyez un peu plus discret.

REPAS : Rêver que l'on mange en compagnie d'une ou de plusieurs personnes signifie l'entente et l'harmonie, sauf si l'ambiance qui s'en dégage est manifestement désagréable. À ce moment, la signification s'inverse et le degré de mésentente est proportionnel à l'ampleur du climat malsain.

REQUIN : Ce poisson est un chef d'œuvre. Il est un prédateur qui n'a pas évolué depuis des millions d'années parce qu'il a atteint un haut niveau de perfection. Il est un ennemi redoutable. Si vous y rêvez, voyez-le tel quel.

RHUME : Vos énergies seront à la baisse. Vous devriez profiter de tous les moments qui seront à votre disposition pour faire le plein. Sinon, un malaise ou une maladie pourrait vous y obliger.

RIDEAUX : S'ils sont bien tendus et qu'ils ont l'air fraîchement nettoyés, vous n'aurez rien à craindre, malgré de petites inquiétudes du côté de la santé ou des finances.

Si les rideaux sont mal fermés et qu'ils tombent mal, vous serez dérangé par une personne peu soucieuse qui n'a rien à faire de vos besoins.

Si vous rêvez à des rideaux complètement ouverts et de bon goût, vous connaîtrez une période très spéciale où il vous semblera que les gens seront très attirés par votre optimisme.

RIVIÈRE : Si elle coule sans entrave, votre avenir est bien tracé et vous connaîtrez le succès soit professionnellement soit socialement.

Si elle est retenue par une digue ou un barrage, vous aurez des difficultés qui retarderont la réalisation d'un projet qui vous tient à cœur.

Si elle est tarie, soyez prudent. Peut-être devriez vous réévaluer vos objectifs.

RIZ : En manger signifie que des jours heureux viendront vous faire comprendre que le bonheur n'est pas une question de richesse matérielle.

ROBOT : Des décisions vous échapperont au sujet de personnes sous votre responsabilité.

ROCHER : Si vous voyez un rocher qui se dresse le long de votre chemin, vous ferez preuve de courage lorsqu'un proche vous demandera de l'aide, même si cela ne fait pas votre affaire.

Si votre route est bloquée par un rocher, vous aurez des ennuis financiers ou de santé.

ROI : Si vous êtes un roi dans un rêve, vous êtes peut-être un peu orgueilleux. Certaines personnes pourraient vous le faire remarquer de façon un peu brutale.

Si vous voyez un roi, vous serez appelé à côtoyer une personne qui ne vous sera pas très sympathique mais que vous apprendrez à mieux connaître.

RONCE : Attention à la santé mentale d'une personne que vous savez en difficulté et qui aurait des idées suicidaires.

ROSE : En rêve comme dans la vie, la rose est un symbole de l'amour. Si vous rêvez à une rose et que vous êtes célibataire, vous ferez une rencontre qui vous bouleversera et qui a des chances de devenir une histoire d'amour.

Si vous êtes marié, vous pourriez aussi faire une grande rencontre qui vous mènera à faire des choix déchirants — pensez-y bien — ou encore vous connaîtrez une période de renouveau incroyable avec votre conjoint.

ROSÉE : Marcher dans la rosée signifie que vous avez devant vous une période de votre vie durant laquelle vous apprendrez beaucoup de choses importantes et dont vous sortirez transformé pour toujours.

Si vous marchez pieds nus dans la rosée, le bonheur se révèlera à vous dans toute sa simplicité.

ROUE : En bonne état, la roue sera symbole de bonne fortune.

S'il s'agit d'une roue qui est bloquée ou brisée, attendez-vous à des ennuis plus ou moins sérieux.

ROULOTTE : Vous transporterez des biens ou des personnes pour une bonne cause. Vivez cette expérience sereinement et elle sera très positive.

ROUTE : La façon dont se présentera la route à vous déterminera son sens.

Difficile, elle signifiera les difficultés.

Sinueuse, elle annoncera des retards.

Trouée, elle vous préviendra de pertes à venir.

Nouvellement pavée, elle confirmera des achats importants et heureux.

RUBAN : Vous souffrirez de l'étroitesse d'esprit d'une personne avec laquelle vous aurez à passer un moment.

RUCHE : Si vous êtes sans emploi, vous allez être embauché ou vous participerez à un projet collectif.

Si vous êtes en emploi, vous serez mis à contribution dans un projet emballant auquel toute une équipe se joindra.

RUELLE : Ne soyez pas surpris de constater que des membres de votre propre famille ont des habitudes discutables.

RUINES : Contrairement à ce que l'on pourrait croire au premier abord, il ne s'agira pas d'échec ou de faillite, mais plutôt de longévité.

RUMINANT : Vous ne serez pas très rapide pour prendre une décision qui aura pourtant l'aspect d'une urgence.

RUPTURE : Une séparation est à prévoir dans votre entourage.

RUSE : On utilisera des stratagèmes plus ou moins subtiles pour vous influencer. Ne soyez pas dupe et dites votre façon de penser à ceux qui voudront vous utiliser.

RUSTICITÉ : Vous serez confronté à des gens plus jeunes qui vous feront sentir dépassé par les manifestations du progrès et de la technologie.

S

SABLIER : Symbole fort et précis, le sablier dont le sable s'est écoulé est synonyme de mort. Si le sable coule encore, vous perdez peut-être votre précieux temps actuellement. Révisez vos priorités.

SACOCHE : Si vous rêvez que quelqu'un se fait voler une sacoche, soyez de bonne oreille lorsqu'une personne de votre entourage viendra vous demander conseil. Ce sera très important pour l'avenir de cette personne.

Si vous vous faites voler une sacoche, une démarche que vous entamez sera contrecarrée.

SALETÉ : Des nuages à l'horizon. Commencez dès maintenant à faire des réserves.

SANDALES : Porter des sandales est un bon présage, même si la fortune n'est pas au rendez-vous.

SANG : Méfiez-vous des situations qui pourraient vous causer des blessures.

SANGSUE : Quelqu'un que vous connaissez bien essaiera de vous monter un bateau. Soyez le plus rusé. De toute façon, les choses s'arrangeront par elles-mêmes.

SANS-ABRI : Des pertes matérielles sont à prévoir pour vous ou pour un membre de votre entourage.

SAPIN : Vous ferez preuve d'une vitalité surprenante dans les prochains mois.

SATIN : Vous pourrez vous offrir des vêtements qui vous font envie et que vous n'osiez pas acquérir.

SAUCISSE : Vous vous sentirez captif et victime de compressions budgétaires imprévisibles mais réalistes.

SAUMON : Vous récolterez des honneurs pour votre sens des valeurs.

SAUTERELLE : Vous devrez faire vite afin d'éviter une catastrophe.

SAVON : Vous serez réprimandé pour un comportement étrange dont vous ne pourrez vous-même vous expliquer la raison.

SAXOPHONE : Entendre un saxophone indique que vous entrez dans une période où vous serez plus sensible aux plaisirs en général.

SCALP : Des maux de tête vous assailleront pour quelques jours. N'hésitez pas à consulter un spécialiste.

SCAPHANDRE : Vous avez besoin de solitude pour réfléchir.

SCEAU : S'il est intact, vous pouvez faire confiance à une personne qui vous demandera des explications concernant les raisons d'une décision que vous avez prise.

Si le sceau est brisé, ne vous confiez surtout pas à n'importe qui. Faites-le seulement à ceux qui ont toute votre confiance.

SCEPTRE : Vous aurez à vivre un moment avec un être au comportement tyrannique.

SCIE : Ce symbole peut avoir deux significations bien différentes. Vous pourriez avoir à vivre une séparation, une rupture, ou encore à devoir travailler très fort pour conserver vos acquis et votre réputation au sein de votre famille.

SCOOP : Vous serez témoin d'un événement rare, probablement spectaculaire et qui restera inexplicable.

SCORPION : Une personne de votre entourage pourrait penser au suicide. Soyez attentif aux signes de détresse parfois subtils que peuvent lancer les gens qui pensent au suicide.

SCULPTURE : Vous chercherez désespérément à vous faire une idée plus claire sur une question épineuse.

SECOURISTE : Vous aurez l'occasion rêvée de mettre à contribution votre expérience et de faire valoir votre expertise et votre savoir-faire.

SECRÉTAIRE : Vous demanderez de l'aide à un professionnel du type avocat, notaire ou conseiller financier.

SEINS : Si le rêveur est une femme, il s'agit d'un signe d'une grossesse à venir.

Si le rêveur est un homme, les besoins sexuels ne sont pas comblés.

SEL : Vous essaierez de conjurer le mauvais sort qui semble vous suivre quoi que vous décidiez. Un petit examen de conscience serait bienvenu.

SEMOULE : Vous aurez la capacité de rassembler de nombreuses personnes pour une fête ou une occasion spéciale.

SERPENT : Vous pensez avoir le respect de certaines personnes, vous vous trompez et vous en aurez la preuve bientôt.

SERRURE : On vous confiera une tâche importante en rapport avec la sécurité. Vous répondrez aux attentes.

SERVITEUR : Si vous en avez sous vos ordres, vous aurez une promotion au travail ou une marque de respect dans votre entourage.

Si vous êtes un serviteur, vous devrez faire preuve d'humilité face à certaines personnes.

SEX-SHOP : Vous avez des envies, des fantasmes que vous aimeriez bien assouvir en compagnie d'une personne que vous côtoyez.

SIÈGE : Si vous êtes assis sur un siège en bon état, vous vous préparez à prendre une décision qui sera significative pour plusieurs années à venir.

Si le siège n'est pas confortable, vous pourriez faire face à un blâme au travail ou encore à une dispute avec des membres de votre famille.

SIFFLET : On essaie de vous avertir d'un danger imminent dont vous ne soupçonnez pas encore l'existence.

SILENCE : Si votre rêve est silencieux, malgré l'action qui s'y déroule, vous pourriez avoir de la difficulté à comprendre ce que l'on attend de vous, dans votre famille ou à votre travail.

SINGE : On a tendance à vous sous-estimer et à ne pas vous prendre au sérieux. Vous devriez peut-être modifier votre comportement envers votre entourage. Faire des grimaces, c'est bien beau, mais il faut aussi prendre la vie au sérieux si on souhaite faire bonne impression.

SIOUX : Vous adopterez une façon très astucieuse d'arriver à vos fins.

SLIP : La luxure et la sexualité auront un attrait certain sur vous.

SMOKING : Vous devriez laisser tomber la rigueur et la rigidité que votre entourage perçoit en vous.

SOLEIL : Dans presque tous les cas, le soleil est signe de bonheur et d'enrichissement spirituel.

Toutefois, s'il s'agit d'un soleil torride qui plombe et vous étourdit, vous pourriez être tenté de jouir un peu trop des bonnes choses de la vie. Rappelez-vous que la modération a toujours meilleur goût.

SOMMET : Vous êtes bien parti. Les résultats viendront couronner vos efforts dans peu de temps.

Si vous volez vers un sommet, il ne s'agit pas de résultats matériels, mais plutôt de résultats moraux et spirituels. Bravo !

SOMNIFÈRE : Prendre des somnifères en rêve indique que vous ne pourrez supporter très longtemps une situation pénible.

SORBET : Vous aurez l'occasion de profiter de la vie et de ses charmes.

SOUPE : Vous aurez la chance de pouvoir compter sur des relations réconfortantes après avoir surmonté quelques difficultés financières.

SOULIERS : S'ils sont en bon état, succès financiers à la loterie ou au travail.

S'ils sont vieux et en mauvais état, des pertes sont à venir. Peut-être du côté de vos placements.

SOURIS : Vous ferez la rencontre d'une personne au physique menu qui vous manifestera de la sympathie et qui pourra vous venir en aide de façon inattendue.

SOUS-MARIN : Vous travaillerez fort dans l'ombre d'une autre personne.

SOUS-SOL : Si vous rêvez que vous vivez dans un sous-sol, vous manquez de confiance en vous, malgré quelques signes contraires. Les timides deviennent souvent blagueurs pour masquer leur gêne.

SOUS-VÊTEMENTS : Vous pourriez être dans une situation où vous aurez à dévoiler des choses embarrassantes.

SPECTACLE : Si vous vous donnez en spectacle, vous devriez laisser un peu de place à ceux qui vous entourent.

Si vous regardez un spectacle qui vous plaît, vous êtes une personne assez équilibrée.

SPHÈRE : L'harmonie est possible si vous adoptez un comportement conciliateur et juste.

SPHINX : Une énigme résistera à votre investigation. Vous devrez faire appel à des gens de confiance pour vous venir en aide.

SPLENDEUR : Vous serez fasciné par une personne que vous n'aviez pas remarquée jusqu'alors.

SQUELETTE : Une personne viendra vous hanter. Elle essaiera de vous nuire en menaçant de révéler un secret.

T

TABAC : Si vous en fumez, vous serez attiré par des pratiques qui ne vous conviennent pas.

Si vous êtes incommodé par la fumée des autres, vous vivrez une période durant laquelle vous deviendrez plus solitaire et vous vous éloignerez de certaines personnes qui ne vous conviennent pas.

TABLE : Si elle est prête pour un repas, cela signifie du bonheur à venir.

Si la table est en mauvais état, querelles en perspective.

TABLEAU : Vous serez attiré par la beauté et vous pourriez faire une acquisition qui vous rendra heureux.

TABOURET : Vous devrez surmonter une situation ennuyante.

TAMBOUR : On cherchera à vous encadrer dans l'exécution de vos tâches.

TANK : Si vous le conduisez, vous passerez haut la main un test d'endurance et de ténacité.

Si vous en voyez un, vous serez mis à rude épreuve par des collègues ou des membres de votre famille.

TAPIS : Bonne fortune et gains à la loterie sont possibles.

TAUREAU : Être poursuivi par un taureau augure des tensions qui pourraient mener à votre remplacement par une autre personne au travail ou en société. En d'autres mots, on tentera de vous «tasser du chemin».

Voir un taureau au repos veut dire que vous êtes en relation avec des gens puissants qui vous veulent du bien, à condition de ne pas les déranger dans leurs habitudes.

TAVERNE (BRASSERIE) : On veut bien de vous dans certains milieux, mais à la condition que vous ne soyez pas chiche. Vous pourriez vous passer de ce genre de relations qui ne cherchent qu'à plumer le premier oiseau un peu naïf qui se présente.

TAXI : Vous devrez demander l'aide d'un étranger afin de terminer une tâche qui vous demande beaucoup d'énergie.

TÉLÉPHONE : Attention aux commérages, même si vous vous en balancez. Les mauvaises langues font toujours du tort.

TÉLESCOPE : Si vous regardez par la lunette d'un télescope, vous aurez des projets et des ambitions qui vous vaudront le respect de votre entourage.

Si vous voyez quelqu'un y regarder, une personne près de vous ira à l'étranger sur invitation.

TÉLÉSIÈGE : Vous pourriez recevoir un coup de main inattendu.

TEMPÊTE : Si vous êtes pris dans une tempête, des ennuis matériels viendront vous tracasser et seront causés par une personne de votre entourage. Si on vous demande de l'argent, soyez prudent.

Si vous apercevez des gens pris dans une tempête, vous serez épargné par une action en justice.

TENTURE : On cherchera à s'abriter derrière vous. Un conseil : laissez à chacun ses responsabilités.

TERRASSE : Laissez-vous porter par l'air du temps pendant un moment. Le temps de refaire vos forces.

TESTAMENT : Si vous en écrivez un, vous êtes préoccupé par le sort réservé à un proche. Vous pensez venir en aide à cette personne. Si vous le faites, gardez une certaine distance psychologique. Autrement dit, ne vous impliquez pas trop émotivement, vous serez ainsi d'une plus grande aide.

Si vous en déchirez un, vous faites preuve d'insouciance et de légèreté qui risquent de faire du tort à d'autres personnes.

TÊTARD : Une bonne idée pourrait vous filer entre les doigts si vous ne faites pas assez attention.

TICKET : Acheter un ticket signifie que vous devrez être bon prince afin de renouer avec une personne de votre entourage.

Perdre un ticket indique que vous ne serez pas satisfait du résultat que vous obtiendrez concernant une démarche déjà entreprise.

TIGRE : S'il est en cage, vous êtes vous-même dans une situation où on vous empêche de déployer votre plein potentiel. Ça vous exaspère et vous risquez de commettre une erreur si vous ne trouvez pas le moyen de mettre fin à cette situation.

TIROIR : Attention aux mauvaises surprises au sujet de biens matériels sur lesquels vous comptiez.

TISANE : Le repos et le réconfort sont à prescrire pour stabiliser votre santé émotive.

TOITURE : Si vous y marchez, vous vous sentez au-dessus de vos affaires. Soyez prudent devant les dépenses imprévues.

Si vous la regardez, c'est que l'on vous fera un bon accueil lors d'une prochaine visite à de la famille ou lors d'un voyage d'affaires.

TOMBEAU : Votre santé est chancelante.

TONDEUSE : Vous serez un peu excédé par un va-et-vient constant autour de vous.

TONNEAU : Vous accumulez les frustrations et vous pourriez vous retrouver en marge.

TORCHON : Vous vous négligerez et perdrez l'occasion de vous faire valoir.

TORRENT : Tout ira vite et vous pourriez vous retrouver là où vous n'auriez pas voulu.

TORTUE : Si vous rêvez d'une tortue, ce n'est certainement pas le signe que les choses iront vite dans votre vie. Attendez-vous plutôt à ce que tout traîne. Si vous avez des démarches en cours, quelles qu'elles soient, la patience est de rigueur.

TORTURE : Dans le meilleur des cas, on s'amusera à vous contredire et à vous contrarier. Dans le pire des cas, certaines personnes iront jusqu'à être agressives physiquement envers vous et à médire à propos de vos agissements.

Agissez avec prudence, mais avec fermeté pour ne pas donner le signal que vous êtes la victime idéale.

TOURNESOL : Vous aurez tendance à vous laisser impressionner par des beaux parleurs. Tentez de vous souvenir qu'il est plus prudent de laisser faire leurs preuves aux nouveaux venus avant de leur accorder votre confiance.

TOURNEVIS : Vos démarches aboutiront.

TRAIN : Si vous êtes à bord d'un train en marche, vous serez bien placé pour profiter de retombées intéressantes provenant d'une personne dont la destinée s'améliore subitement.

Si vous regardez un train passer, c'est que vous manquerez de timing par manque de confiance en vous ou par trop grande méfiance.

Si vous assistez à un déraillement, vous courez des risques d'être en faillite ou d'être embourbé dans les conséquences de la faillite d'une autre personne. Il pourrait aussi d'agir d'un grave problème de santé.

TRÉSOR : Si vous cherchez un trésor et ne le trouvez pas, vous aurez toutes les misères du monde à prendre votre place. On vous dit que vous avez du talent, et la seule personne qui ne semble pas y croire, c'est vous-même.

Si vous trouvez un trésor, vous connaîtrez de nouvelles personnes qui participeront à votre évolution spirituelle.

Se faire voler un trésor est plutôt de mauvais augure. Les relations avec vos proches et avec vos collègues ne seront pas à leur meilleure.

TRIBUNAL : Dans tous les cas, rêver à un tribunal présage de disputes à venir avec plusieurs personnes. Soyez diplomate afin que tout cela ne dégénère et se retourne contre vous.

Si vous êtes assis au banc des accusés, vous serez le bouc émissaire dans une histoire trouble. Soyez prévoyant et ne vous mêlez pas de ce qui ne vous regarde pas.

TROUPEAU : Si vous gardez un troupeau, vous serez appelé à diriger plusieurs personnes, au travail comme chef d'équipe ou dans votre vie personnelle comme modèle. Saisissez les occasions de faire du bénévolat. Vous avez beaucoup à donner et vous en sortirez enrichi.

Si vous faites partie d'un troupeau, une nouvelle personne s'affirmera autour de vous et deviendra dominante. Si le troupeau est calme, vous n'avez rien à craindre. Si le troupeau est agité, des changements importants seront à prévoir.

TUYAU : Méfiez-vous des commérages. N'accordez pas foi à tout ce qui se raconte.

U

UNIFORME : Vous désirez être encadré et pris en charge par une personne plus forte que vous.

URINE : Attention aux mauvaises langues. Ne laissez pas médire à votre sujet.

URNE : Une personne tentera de vous faire tomber dans une histoire d'où vous aurez du mal à vous sortir.

USINE : Vos affaires iront très bien et vous en serez heureux. Méfiez-vous du surmenage.

USTENSILE : Vous utiliserez tout ce qui sera mis à votre disposition pour convaincre vos proches que vous avez raison.

V-W

VACHE : Si elle broute calmement, vous êtes sur une bonne voie.

Si elle court à travers champ, un certain succès est à envisager.

Si elle est agressive, vous devriez repenser votre façon d'être avec les membres de votre famille.

VA-ET-VIENT : Beaucoup de changement et de mouvement sont à venir dans votre vie. La paix et le calme seront choses du passé pour un certain temps.

VAGUE : Si vous rêvez que les vagues viennent s'éteindre tranquillement sur un rivage, vous serez une source de bons conseils pour des membres de votre entourage ou pour vos collègues.

Si les vagues sont fortes, votre train-train sera dérangé et votre moral sera mis à l'épreuve.

VAISSELLE : S'il s'agit de vaisselle élégante, vous serez invité à participer à des événements sociaux.

Si vous voyez de la vaisselle sale, vos finances pourraient souffrir d'un arrêt de travail ou encore une dépense imprévue vous angoissera.

VALSE : Une rencontre qui ne vous laissait rien présager de spécial se transformera en un véritable tourbillon de joie.

VASE : Ne soyez pas trop pressé de passer à autre chose, vous n'avez peut-être pas récolté tout ce que vous pouvez.

VENDANGE : Vous aurez plusieurs démarches à entreprendre et vous devrez faire preuve de patience. Les résultats devraient être bons si vous réussissez à être opportuniste.

VENT : Si un vent fort est contre vous, vous ferez face à des difficultés qui vous pousseront à vous dépasser. Vous trouverez en vous des ressources que vous ne soupçonniez pas jusqu'à présent.

Si le vent souffle dans votre dos après avoir été de face, des difficultés trouveront une fin imprévue, ce qui vous soulagera d'une inquiétude envahissante.

Si le vent vous transporte, vous aurez beaucoup de chance.

VENTILATEUR : Surveillez particulièrement ceux qui pourraient vous suivre lors d'un événement social. On pourrait être tenté de vous faire perdre pied, au sens propre ou au sens figuré.

VERGER : Ne succombez pas à la tentation de ne pas terminer ce que vous avez entrepris, car d'autres en récolteraient les fruits.

VERMINE : Attention aux maladies contagieuses.

VERNIS : Ne vous laissez pas prendre à votre première impression.

VERRE : Si vous rêvez à un verre brisé, rupture et querelles seront présentes, mais vous ne serez pas nécessairement touché directement. Il pourrait s'agir cependant de personnes que vous connaissez bien.

Si le verre est vide, vous n'êtes pas encore au bout de vos souffrances.

Si le verre est plein, votre bonheur est assuré.

Si vous lavez des verres, vous aurez à faire un peu de ménage autour de vous afin de retrouver la joie de vivre.

VIANDE : Des instants de bonheur et de prospérité vous sont réservés.

VIDÉOCLIP : Vous rêvez d'une vie plus active.

VIEILLARD : Un projet, dans lequel vous vous étiez lancé, tire à sa fin malgré l'énergie et la bonne volanté que vous y mettrez pour le prolonger.

VIERGE : Si vous voyez la Sainte Vierge en rêve, vous êtes sous la protection d'une âme très élevée.

VILLA : Vous ferez une avancée importante soit financièrement soit dans vos responsabilités.

VIOLON : Jouer du violon signifie que vous cherchez à vivre dans l'harmonie et la paix avec vos proches.

Entendre ou voir un violon est un signe que les gens qui vous entourent vous respectent.

VIRUS : Prenez soin de votre santé.

VITRE : Si elle est embrouillée, une personne que vous connaissez pourrait mourir à la suite d'une maladie.

Si elle est claire, on vous demandera conseil sur des questions délicates. Vous aurez à faire preuve de jugement.

Si vous êtes à l'extérieur et que vous regardez vers l'intérieur, méfiez-vous des conséquences des indiscrétions que vous pourriez commettre.

VOCALISE : Vous deviendrez très habile dans un domaine que vous affectionnez particulièrement.

VOILURE : Vous devrez manœuvrer avec adresse pour arriver à vos fins.

VOISIN : Avoir une bonne entente avec ses voisins signifie que votre vie sociale sera à son mieux.

Une querelle avec un voisin vous prévient que vous aurez des divergences de points de vue avec des membres de votre famille ou avec des amis. Restez calme et tout s'arrangera.

VOITURE : Être dans une voiture tirée par des chevaux annonce que vous ferez un voyage romantique très réussi.

Conduire une voiture calmement veut dire que vous avez toutes les aptitudes pour apprécier une vie paisible, malgré votre goût pour les déplacements.

Si vous faites un accident de voiture, un événement inattendu vous causera quelques torts, mais les dommages seront plus d'ordre temporel. Vous n'avez déjà pas assez de temps libre, vous vous passeriez bien des démarches supplémentaires que cela vous occasionnera.

VOLAILLE : Des gens dépourvus de sens critique évoqueront des faits en dehors de leur contexte pour tenter de vous discréditer. Vous devrez vous défendre en contre-attaquant.

VOLEUR : Si vous êtes la victime, il s'agit d'un avertissement pour que vous redressiez votre situation financière au plus tôt, ou encore vous accordez une importance démesurée à vos biens matériels au détriment de vos émotions.

Si vous êtes le voleur, il serait temps de faire un examen de conscience. Peut-être êtes-vous devenu trop opportuniste.

VOMISSEMENT : Vous retenez depuis trop longtemps certaines choses qui vous rongent et que vous avez envie de dévoiler.

VOÛTE : Votre volonté ne sera pas aussi forte que vous l'auriez souhaité.

VOYEUR : On commettra une indiscrétion qui n'aura pas de graves conséquences.

VOYOU : Méfiez-vous des beaux parleurs et des personnes qui veulent votre bien.

VULGARITÉ : Vous direz votre façon de penser à une personne qui vous ennuie depuis un certain temps déjà.

WAGON : Si vous voyagez dans un wagon confortable, on vous fera une proposition que vous ne pourrez pas refuser et qui pourrait vous être très profitable.

Si le wagon est délabré, ne vous lancez pas tête baissée. Réfléchissez bien avant de vous lancer dans des dépenses frivoles.

WALKMAN : Vous serez porté à trop vous concentrer sur ce que vous aimez.

WALKIE-TALKIE : Des nouvelles vous parviendront d'une personne éloignée. Elle cherchera à vous sensibiliser à ce qu'elle vit.

X-Y-Z

XYLOPHONE : Vous devrez utiliser tout votre pouvoir de conviction pour faire régner l'harmonie autour de vous.

YACHT : Vous découvrirez les joies d'avoir plus de temps libre.

YEUX : Si les yeux sont près de vous et qu'ils ont un air menaçant, méfiez-vous d'une personne de votre entourage immédiat. On pourrait vous mettre des bâtons dans les roues.

Si les yeux sont menaçants, mais qu'ils sont situés à une assez bonne distance, il s'agira d'un étranger dont vous devrez vous méfier.

Si les yeux sont amicaux, vous ferez une rencontre très intéressante. Il pourrait s'agir d'une amélioration importante sur le plan sentimental ou des affaires.

YO-YO : Une personne de votre entourage vous en fera voir de toutes les couleurs.

ZÈBRE : Une personne au comportement loufoque et étrange vous proposera un rapprochement. Soyez prudent, même s'il n'y a pas de danger apparent.

ZOO : Vous serez l'hôte de plusieurs personnes de type très différent.